W0418414

Auf in den ...

Schwarzwald

Fotos **Karl-Heinz Raach**
Text **Renate Heyberger**
Hans-Albert Stechl
Gestaltung **Martin Hoyer**

FOTO-EDITION RAACH

Blick vom Schauinsland auf Hofsgrund

Erleben und genießen Sie die Umgebung von Freiburg auf zwölf Tagesausflügen

Es gibt eine Menge zu entdecken rings um Freiburg: Atemberaubende Fernsichten, barocke Klosteranlagen, interessante Museen, rauschende Wasserfälle, Badespaß in glasklaren Seen, Wanderwege, Weinlehrpfade, sportliche Aktivitäten, Freizeitparks, rustikale und gehobene Gaumenfreuden – all das und vieles mehr ist in zwölf Tagestouren gegliedert, die zu den schönsten Plätzen in der näheren Umgebung von Freiburg führen. Detaillierte Beschreibungen sowie viele Farbfotos und Routenkarten sorgen für eine rasche Übersicht.

Windgfällweiher

Wir zeigen Ihnen den Weg ins Hexenloch, in die Kavernen eines Wasserkraftwerkes, ins Zentrum der Orgelbauer, zu einer der größten Kirchenkuppeln Europas, in die Stollen einer ehemaligen Silbermine, zur Bauernwirtschaft mit Panoramablick, zum Heidegger-Weg, zu den Windbuchen, zum Startplatz für Downhill-Roller ...

Inhalt

Der Schauinsland

Der 1284 Meter hohe Schauinsland, den die Freiburger gerne auch ihren „Hausberg" nennen, ist eines der beliebtesten Ziele für einen kurzen Ausflug hinauf in die sonnigen Höhen des Schwarzwaldes.

ANFAHRTEN

Drei Wege führen zum Gipfel

Mit dem Auto hat man die Wahl zwischen zwei Anfahrtsmöglichkeiten. Einmal die „klassische" **Schauinslandstrecke**/1, die auf der L124 zunächst durch den Freiburger Vorort Günterstal führt. Ein kleines Stück geht es danach noch gemächlich bergan, dann beginnt bei der Straßengabelung, die rechts nach Horben und links weiter den Berg hinaufführt, der steile Anstieg. Auf der Höhe der Holzschlägermatte sieht man linker Hand die Rotoren der – zumindest während der Bauphase – höchst umstrittenen Windkraftanlage. Sie wurde aus Gründen des Landschaftsschutzes nicht direkt auf dem Gipfel, sondern etwas unterhalb auf 1.000 Meter Höhe errichtet. Mittlerweile haben sich aber auch viele der anfänglichen Kritiker an die modernen Windmühlen gewöhnt.

„Klassisch" ist diese Strecke deshalb, da auf dieser serpentinenreichen, zwölf Kilometer langen Strecke von 1923 bis 1984 das legendäre ADAC-Schauinsland-Bergrennen stattgefunden hat. 1985 wurde das Rennen eingestellt – Umweltschützer hatten sich mit ihren Argumenten gegen das lärm- und abgasintensive Motorsportereignis durchgesetzt. Seit dem Jahr 2000 gibt es als Ersatz die „Schauinsland Klassik", eine Gleichmäßigkeitsprüfung für Oldtimer (www.schauinsland-klassik.de). Und wer an einem ganz und gar motorfreien Bergrennen teilnehmen möchte, kann sich dem Bergzeitfahren anschließen, das seit dem Jahr 2007 organisiert wird: für Rennrad, Mountainbike, Tandem und Inlineskates, ja sogar für Fahrräder mit Kinderwagenanhänger, wird der „Schauinslandkönig“ ermittelt (www.schauinslandkoenig.de). 11,5 Kilometer und eine Höhendifferenz von 770 Metern sind zu überwinden. Das Startgeld beträgt zwischen 25 und 35 Euro.

Ein Hinweis für Motorradfahrer: Da diese ehemalige Rennpiste nach wie vor zu einem forcierten Fahrstil verleitet, der gerade unter Motorradfahrern schon zu vielen Opfern geführt hat, ist diese Strecke in der warmen Jahreszeit an Wochenenden für Motorradfahrer prophylaktisch gesperrt.

Die zweite Anfahrt mit dem PKW führt zunächst über die **B31**/2 nach Osten Richtung Donaueschingen. Kurz nach dem Kappler Tunnel geht es rechts ab Richtung Kirchzarten und dann weiter den Schildern nach in Richtung Oberried und Todtnau.

Die dritte und für viele auch die reizvollste Art, auf den Gipfel zu kommen: die Fahrt mit der **Schauinslandbahn**/3. Mit öffentlichen Verkehrsmitteln gelangt man zunächst mit der Stadtbahnlinie 2 bis nach Günterstal und von dort mit dem Bus der Linie 21 weiter zur Talstation. Oder man fährt mit dem Auto über Günterstal Richtung Horben und parkt auf dem großen Parkplatz an der Talstation.

Die Schauinslandbahn, eine Drahtseilbahn, wurde 1930 eröffnet. Sie ist Deutschlands längste Kabinen-Umlauf-Seilbahn.

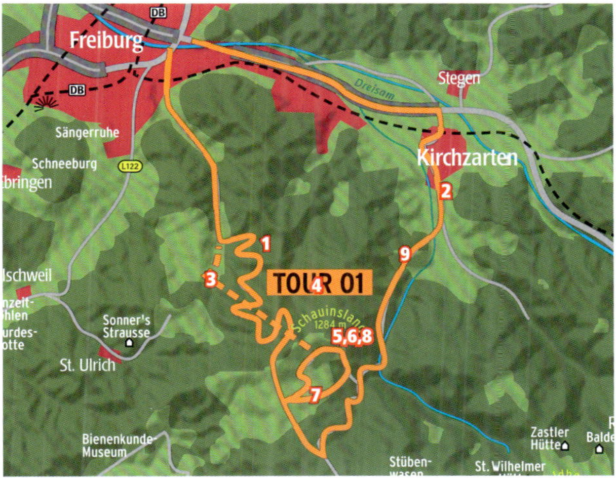

Auf einer Streckenlänge von 3.600 Metern bewältigt sie über sieben Stützen einen Höhenunterschied von 746 Metern. Die Fahrzeit beträgt rund 15 Minuten.

> **Schauinslandbahn,** Talstation,
Bohrerstr. 11, 79289 Horben, www.bergwelt-schauinsland.de
Ganzjährig 9.00–17.00 Uhr, Juli bis September bis 18.00 Uhr
Berg- **und** Talfahrt:
Erwachsene 11,50 Euro,
Kinder (6–14 J.) 7,00 Euro,
nur Berg- **oder** Talfahrt:
Erwachsene 8,00 Euro,
Kinder 5,00 Euro.
Sonderpreise für Familien, Senioren, Auszubildende, Studenten und Gruppen.

AUF DEM GIPFEL

Der Eugen-Keidel-Aussichtsturm /4

Eugen-Keidel-Turm

Ganz gleich, ob man sich auf dem Gipfel für einen kleinen oder einen größeren Spaziergang entscheidet: der nach dem ehemaligen Freiburger Oberbürgermeister Eugen Keidel benannte und 1981 eingeweihte Aussichtsturm sollte auf jeden Fall auf dem Programm stehen. Von der Bergstation der Seilbahn oder von den Parkplätzen aus ist er in wenigen Minuten zu Fuß zu erreichen. Das bei klarer Sicht, vor allem bei Föhnwetterlage, ohnehin schon atemberaubende Alpenpanorama wird von der Aussichtsplattform in 20 Metern Höhe noch einmal ein bisschen spektakulärer, sieht man von hier oben doch sogar den Mont Blanc. Vom Fuß des Turmes aus versperrt ein kleiner Hügel, das Haldenköpfle, diesen Blick. Aber Eiger, Mönch und Jungfrau sind auch von unten aus zu sehen. Nicht minder beeindruckend ist der Blick nach Westen zu den Vogesen. Zwischen dem südlichen Ende der Vogesen und dem links davon ansteigenden Schweizer Jura kann man einen Einschnitt erkennen. Dies ist die Burgundische Pforte, durch die im Frühjahr die erste warme Luft aus dem Süden in die Rheinebene vordringt und für die bekannt milden Temperaturen sorgt. Nach Osten schweift der Blick in Richtung Baar.

Kiepenheuer-Institut, Luftmessstation und Engländerdenkmal

Spaziert man auf dem Fußweg unterhalb des Turmes noch etwas weiter Richtung Osten, kommt man an drei bemerkenswerten Orten vorbei:

Das **Kiepenheuer-Institut für Sonnenphysik**/5 geht auf Karl Otto Kiepenheuer zurück, der 1943 dieses Observatorium gründete. Heute dient es vor allem der Ausbildung und dem Test von neuen Geräten. Besichtigungen sind möglich, da die Öffnungszeiten recht unregelmäßig sind, sollte man sich vorher informieren (www.kis.uni-freiburg.de). Ferner befindet sich ein paar Meter weiter eine **Luftmessstation des Umweltbundesamtes** und des Bundesamtes für Strahlenschutz.

Und das **Engländerdenkmal**/6 mahnt eindringlich, dass die Natur auf den Schwarzwaldhöhen rau, unwirtlich, ja sogar lebensbedrohend sein kann. Am 17. April 1936 unternahm eine Gruppe englischer Schüler mit ihrem Lehrer Kenneth Keast eine Schauinslandwanderung. Kurz unterhalb des Gipfels brach ein derartiger Schneesturm los, dass die Gruppe die Orientierung verlor. Erst nach mehreren Stunden erreichte ein Teil Hofsgrund, wo sofort eine Suchaktion gestartet wurde. Fünf Schüler waren aber bereits erfroren. 1938 wurde zu deren Gedenken das Engländerdenkmal errichtet, maßgeblich initiiert von der Hitlerju-

Die Windbuchen

gend, von dieser auch zu Propagandazwecken eingesetzt. Nach dem Zweiten Weltkrieg wurde die Inschrift „Die Jugend Adolf Hitlers" durch „Die Jugend Deutschlands" ersetzt sowie Reichsadler und Hakenkreuz entfernt.

Die Windbuchen/7

Der hier oben fast ununterbrochen wehende Westwind, der nicht selten zu einem handfesten Sturm oder gar Orkan anwächst, hat die Windbuchen geformt. Sie stehen vorwiegend auf dem Kamm des Bergrückens und haben im Laufe der Jahre zum Teil bizarre Formen angenommen: fast alle Äste sind wie mit einem überdimensionalen Kamm frisiert nach Osten zur windabgewandten Seite ausgerichtet.

Das Museums-Bergwerk/8

Der Schauinsland bietet auch unterirdisch eine Menge Interessantes. Über 800 Jahre lang wurden hier Erze, vor allem Silber, Blei und Zink, abgebaut, erst 1954 wurde der Bergbau endgültig eingestellt. Man schätzt die Gesamtlänge aller Stollen, die den Berg auf 22 Etagen seither durchziehen, auf rund einhundert Kilometer. Es ist damit das größte Grubengelände des Schwarzwaldes und der Vogesen. Seit 1976 hat sich die private Forschergruppe Steiber daran gemacht, Teile dieses Stollensystems für Besucher zugänglich zu machen. Über 200 000 private Arbeitsstunden wurden investiert, um das Museumsbergwerk Schauinsland ins Leben zu rufen.

> **Museums-Bergwerk Schauinsland**, Tel. 0761/26468, Fax 280050, steiber@schauinsland.de, www.schauinsland.de
> 1. Mai bis 1. November. Die 45 minütige Führung eignet sich für Familien. Kinder 4,00 Euro, Familie 18,00 Euro / 1,5 Stunden 12,00 Euro / 2,5 Stunden 18,00 Euro. Mindestalter 12 Jahre.

Der Steinwasen Park/9

Spaß für Jung und Alt bietet der Steinwasen Park am Osthang des Schauinslandes. Auf der weltgrößten Erlebnis-Seilbrücke mit einer Länge von 218 Metern kann man in 30 Meter Höhe seinen Mut beweisen. Im Wildpark sind über 20 Wildtierarten, darunter Gämsen, Luchse und Murmeltiere angesiedelt und im River Splash geht es rasant zu Tal.

> **Steinwasen Park**, Steinwasen 1, 79254 Oberried
Tel 07602/94468-0, www.steinwasen-park.de
Nebensaison 28. März bis 30. April und
14. September bis 8. November 10.00–16.45 Uhr
Hauptsaison 1. Mai bis 13. September 9.00–17.45 Uhr
Kinder über vier Jahre ab 7,50 Euro, Erwachsene ab 9,00 Euro

Downhill-Roller

Wer auf sportliche Art und Weise wieder ins Tal kommen möchte, kann sich an der Bergstation der Schauinsland-Bahn einen Downhill-Roller mieten. Die acht Kilometer lange Strecke ist die längste Europas und überbrückt einen Höhenunterschied von 750 Meter. Reservierung empfohlen.

> **Downhill-Roller**, Bergstation Schauinslandbahn
Tel. 0761/26468 , steiber@rollerstrecke.de, www.rollerstrecke.de
Abfahrtszeiten jeweils 14.00 und 17.00 Uhr
Mai und Juni: Sonn- u. Feiertage / Juli und September: Sa., Sonn- u. Feiertage / August: Mi., Do., Fr., Sa., So.
Miete: 18,00 Euro incl. Helm und Protektoren, Mindestalter 12 J.

Restaurant Die Halde

EINKEHREN

Hotel Die Halde, auf dem Kamm des Schauinslandes

Die „Halde" gehört zu der Vereinigung „Der Natur auf der Spur", ein Zusammenschluss von Köchen aus dem Schwarzwald, die sich einer naturnahen Küche unter Verwendung möglichst vieler regionaler Produkte verschrieben hat. Und so liest sich die Speisekarte über weite Strecken wie ein Spaziergang durch Wald und Flur der näheren Umgebung: „Das Beste vom Gitzi vom Ringlihof in Horben", „Geschmorte Roulade und Ragout vom Halde-Jagd-Wildschwein mit Frühlingsgemüse", „Tafelspitz vom Weiderind mit Bouillonkartoffeln und Rahnensalat" oder eine top frische Schwarzwaldforelle. Auch die Vesperkarte ist mit Wiesentäler Schinkenspeck und hausgemachten Wildbratwürsten animierend bestückt. Die alte Gaststube hat einen sehr hohen Gemütlichkeitsfaktor. Sehr gepflegtes Hotel mit Wellness-Bereich.

> **Hotel Die Halde**, 79254 Oberried-Hofsgrund, Halde 2
Tel. 07602-94470, www.halde.com, kein Ruhetag
Das Hotel liegt direkt auf dem Kamm des Schauinslandes

Gasthaus Zähringer Hof, Oberes Münstertal

Der „Zähringer Hof", in Panoramalage am Westhang des Schauinslandes gelegen, ist Mitglied der Vereinigung „Naturparkwirte Südschwarzwald". Am „Naturschutz mit Messer und Gabel" – ein Slogan der Naturparkwirte – beteiligt man sich gerne, wenn dieser so solide gekocht wie hier aus der Küche von Christoph Riesterer kommt, etwa in Form einer kräftigen Rinderbrühe mit Markklößchen oder eines wunderbar mürben Boeuf Bourguignon, einem in Spätburgunder geschmorten Rindfleisch. Und das schmackhafte Gamsragout erinnert daran, dass nicht nur in der Schweiz, sondern auch an den steilen Felshängen des Münstertals und des Belchen Gämsen geschossen werden. Das Ambiente wurde kürzlich etwas aufgefrischt, am schönsten ist aber noch immer der Blick in Richtung Rheinebene.

> **Gasthaus Zähringer Hof**, 79244 Münstertal, Stohren 10
Tel. 07602/256, www.zaehringerhof.de
Montagabend und Dienstag Ruhetag
Anfahrt vom Schauinsland über den Gieshübel in Richtung Münstertal, nach dem Gieshübel nach zwei Kilometern links den Berg hinauf dem Schild folgen.

Die Kastelburg wacht über Waldkirch

Waldkirch, Elzach und der Kandel

Ins Zentrum des Orgelbaus und ein Rundblick vom Kandel – auf dieser Tour verbinden sich Geschichte des Handwerks und Naturerlebnisse.

ANFAHRT

Von Freiburg geht es auf der B3 nach Norden. Bei Denzlingen gabelt sich die vierspurige Straße. Nach rechts geht es auf der B294 weiter nach Waldkirch.

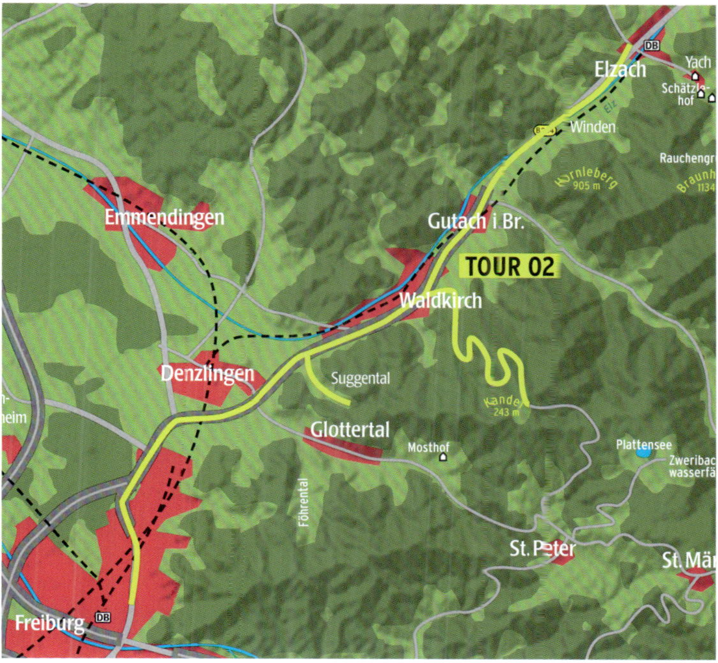

WALDKIRCH

Die 20.000-Einwohner-Stadt Waldkirch ist ein Zentrum des Orgelbaus. Kirchen-, Dreh-, Jahrmarkt- und Kirmesorgeln werden bis heute in alter handwerklicher Tradition im „Mekka des Orgelbaus" produziert. 1799 verlegte der Kirchenorgelbauer Mathias Martin seine Werkstadt nach Waldkirch. Es ist der Beginn einer Instrumentenmanufaktur, für die Waldkirch bis heute internationalen Ruhm genießt. Mit Ignaz Blasius Bruder, der 1834 nach Waldkirch kam, wurde neben dem Kirchenorgelbau auch der Drehorgelbau hier heimisch.

„Den Orgelbauern über die Schultern schauen" lautet das Motto der Waldkircher Orgelbauwerkstätten. Nach Voranmeldung kann man hier das traditionelle Handwerk vor Ort und hautnah erleben.

Original Waldkircher Orgeln

Einen sehr guten Einblick in die handwerkliche und musikalische Vielfalt der Waldkircher Orgelbaukunst von den Anfängen des Musikwerkbaus bis hin zu neuesten Orgelwerken aktueller Produktion bietet die Waldkircher Orgelstiftung. Flötenuhr, Figuren-Orgeln, Kirchenorgeln, Dreh- und Jahrmarktsorgeln und Orchestrien – alles kann hier bestaunt werden. Im Orgelbausaal der Waldkircher Orgelstiftung stehen über 75 Musikinstrumente zum Konzert bereit.

> **Waldkircher Orgelstiftung**, Gewerbekanal 1, 79183 Waldkirch
Tel. 07681/9396, Fax 4740320, info@waldkircher-orgelstiftung.de
www.waldkircher-orgelstiftung.de
Führungen nur nach vorheriger Anmeldung

Die einzelnen Orgelwerkstätten, Besichtigung nach Voranmeldung:

> **Meisterwerkstatt Jäger & Brommer**, Kirchen- u. Drehorgelbau
  Gewerbekanal 3, Tel. 07681/3927

> **Firma Paul Fleck & Söhne**, Spezialwerkstatt für Restaurierungen
  Bahnhofsplatz 5a, Tel. 07681/5290

> **Firma Wolfram Stützle**, Kirchenorgelbau
  Schillerstr. 2, Tel. 07681/7854

Orgelbauer Frieder Asch

Elztalmuseum

Kein Wunder, dass sich auch im Waldkircher Elztalmuseum das meiste um den Orgelbau dreht. Aber nicht nur: auch die Stadtgeschichte, die Badische Revolution und das hier ebenfalls traditionelle Handwerk der Edelsteinschleifer sind in dem barocken ehemaligen Chorherrenstift, einem Schlossbau aus dem 18. Jahrhundert, ausgestellt.

Herzstück der Sammlung sind in Waldkirch gebaute Musikautomaten. Insbesondere die Konzert- und Jahrmarktsorgeln beeindrucken nicht nur mit ihren reich verzierten und bemalten Gehäusen, sondern auch mit ihrer barocken Klangfülle und ihrem Klangspektrum.

> **Elztalmuseum**, Regionalgeschichte und Orgelbau
  Kirchplatz 14, 79183 Waldkirch, Tel. 07681/478530, Fax 25562
  info@elztalmuseum.de, www.elztalmuseum.de
  Ostersonntag bis 31. Oktober: Dienstag bis Samstag
  15.00–17.00 Uhr, Sonntag 11.00–17.00 Uhr
  1. November bis Ostersamstag: Mittwoch, Freitag, Samstag
  15.00 –17.00 Uhr, Sonntag 11.00–17.00 Uhr

Ruine der Kastelburg

Edelsteinschleiferei

Ein weiterer Handwerkszweig hat sich über die Jahrhunderte in Waldkirch gehalten: die Edelsteinschleiferei. Schon vor über 500 Jahren siedelten sich die ersten Schleifereien am Waldkircher Gewerbekanal an. Die Angehörigen der Zunft der „Bohrer und Balierer" bezogen ihre Steine von weit her – vom Gotthardmassiv etwa oder aus Böhmen. Durch die wachsende überregionale Konkurrenz, die zumeist zu günstigeren Bedingungen produzieren konnte, kam um 1800 das Schleiferhandwerk in der Region fast zum Erliegen. Lediglich in Waldkirch überlebten einige Betriebe, einer sogar bis heute: die Edelsteinschleiferei Wintermantel, die heute unter Denkmalschutz steht. Sie gehört zu den größten und ältesten im Original erhaltenen Schleifereien, die noch in Betrieb sind. Das ist doch einen Besuch wert. Die Schleiferei ist nicht immer zugänglich, bietet aber regelmäßig Führungen an.

> **Schmuck und Edelsteine August Wintermantel**
Elzstraße 2, 79183 Waldkirch, Tel. 078681/6014

Schwarzwaldzoo

Ganz besonders bei Kindern beliebt ist der Schwarzwaldzoo, wenige Gehminuten vom Stadtzentrum entfernt. Hier können die Kleinen Mut beweisen und mit Hirschen, Steinböcken und Lurchen auf Tuchfühlung gehen.

> **Schwarzwaldzoo**, Am Buchenbühl 8a, 79183 Waldkirch
> Tel. 07681/8961

Burgruine Kastelburg

Sie ist das Wahrzeichen der Stadt: die hoch auf einem Berg über Waldkirch thronende Kastelburg. Die erstmals 1289 erwähnte Burganlage kann man zu Fuß über den sogenannten Ritterweg erreichen: Mannshohe Ritterstatuen am Wegesrand machen den Ausflug vor allem für Kinder zu einem Erlebnis. Der Fußweg beginnt 200 Meter hinter dem Bahnhof an der Straße in Richtung Krankenhaus.

Seit dem Jahr 2002 kümmert sich eine Bürgerinitiative um den Erhalt der Ruine, um deren weiteren Verfall zu verhindern. Auch werden unterschiedliche Burgführungen angeboten, darunter an vier Abenden im Sommer eine nächtliche Erlebnisführung „Mit dem Türmer auf die Kastelburg".

> **Burgruine Kastelburg**, Informationen und Buchungen bei
> **Tourist-Information Waldkirch**, Kirchplatz 2, 79183 Waldkirch,
> Tel. 07681/19433, www.stadt-waldkirch.de

Baumkronenweg

Der Baumkronenweg in Waldkirch ist ein ganz besonderes Erlebnis. In 23 Meter Höhe erlebt man die Welt der Baumwipfel in direkter Nähe. Zum Baumkronenweg gelangt man zunächst über einen „Sinnenweg", der den Tast-, Hör- und Geruchssinn animiert. Der Baumkronenweg ist dann vor allem eine spannende Informationsreise in die ökologischen Zusammenhänge des Waldes – einschließlich toller Ausblicke. Am Ende des Pfades kann man den Abstieg auch via Highspeed-Röhrenrutschbahn verkürzen: durch Europas längste Rutschbahn geht es rasant zum Erdboden zurück. Für Kinder ist die Bahn erst ab 8 Jahren erlaubt.

> **Baumkronenweg Waldkirch**, Erwin-Sick-Straße
> 79183 Waldkirch, www.baumkronenweg-waldkirch.de

Bach am Kandel

10. April bis Ende Oktober 10.30–18.00 Uhr
Mai, Juni, Juli, August 10.30–19.00 Uhr
Erwachsene 5,50 Euro, Kinder (7–16 Jahre) 3,50 Euro,
Familienpreis 18,00 Euro, Riesenrutsche pro Fahrt 2,00 Euro

Suggental

Wenige Kilometer von Waldkirch entfernt liegt in einem schmalen Seitental der Ort Suggental, eine Ansiedlung mit einer Handvoll Häuser, einem Gasthof und einem Besucherbergwerk. Der Bergbau hat in der Gegend Tradition, angeblich schürfte man schon in römischer Zeit im Suggental nach Silber und Blei. Seine Blüte erlebte er im 13. Jahrhundert, und die Suggentäler Gruben galten zu jener Zeit als die Reichsten des Breisgaus. Das ist lange her, der Bergbau lohnt sich längst nicht mehr, aber man kann das ehemalige Silberbergwerk nach vorheriger Anmeldung besichtigen.

> **Besucherbergwerk Suggental**, Anmeldungen nur per E-Mail, fuehrungen@silberbergwerk-suggental.de

DER KANDEL

Spektakuläre Fernblicke, Wildbäche und schroffe Felsen – eine Fahrt auf den Kandel, den Waldkircher „Hausberg", ist ein Muss für alle Naturfreunde. In früheren Zeiten galt der sagenumwobene Kegel als der „Blocksberg des Schwarzwaldes", auf dem die Hexen mit dem Teufel tanzten. Nicht von ungefähr heißt der große Kandelfels „Teufelskanzel" und auch heute noch wird in der Walpurgisnacht hier oben die eine oder andere Hexe gesichtet – sagt man zumindest ...

Unbestritten dagegen ist der Kandel ein Gipfel mit toller Aussicht. Von der Aussichtsplattform am höchsten Punkt ist ein perfekter Rundumblick möglich: Vom Breisgau über den Kaiserstuhl bis hin zu den Vogesen und bei günstiger Witterung sogar bis hinüber zur Schwäbischen Alb.

Rund um den Gipfel gibt es zahlreiche Wandermöglichkeiten. Wer darüber hinaus auch noch etwas mehr über den sagenhaften Schwarzwaldberg erfahren möchte, kann an einer der Führungen teilnehmen, die von der Sagen- und Geschichtenerzählerin Rosemarie Riesterer organisiert werden. Zum Beispiel eine Tour vom Gipfel über die „Teufelskanzel" zur Gummenweide, gespickt mit spannenden Geschichten über den „Schwarzwälder Blocksberg", oder eine Entdeckungstour im schattigen Kandelwald mit vielen Kandelgeschichten aus alten Zeiten.

> **Wanderführungen am Kandel**, Info bei Rosemarie Riesterer
> Lerchenstr. 57, 9211 Denzlingen, rosemarie.riesterer@onlinehome.de

ELZACH

Neben Waldkirch ist das benachbarte Elzach eine der Hochburgen der alemannischen Fasnacht. Von weit her kommen die Besucher zur Elzacher Fasnet, um dem archaischen Treiben zuzusehen und sich von den dämonischen Fratzen in Angst und Schrecken versetzen zu lassen. Schaurig-schöner Höhepunkt ist der Fackelumzug am Sonntagabend, wenn sich die Schuttige, die Elzacher Narren, mit ihren unheimlichen Masken zu Hunderten durch die engen Gassen drängen, angeführt vom schwarzen Teufelschuttig mit seinem Dreizack. Und wer den rotgekleideten tanzenden Feuergestalten zu nahe kommt, den trifft ein Schlag mit der „Saublodere", einer mit Luft gefüllten Schweinsblase, die fruchtbarkeitsfördernde Wirkung haben soll.

> **Stadt Elzach**, Hauptstraße 69, 79215 Elzach
> Tel. 07682/8040, Fax 80455, stadt@elzach.de, www.elzach.de

Schuttig in Elzach

Gasthaus Rebstock, Waldkirch

Im Sommer lockt der große Garten mit mächtigen Kastanien, das ganze Jahr hindurch die abwechslungsreiche Speisekarte, wobei man merkt, dass die Küche durchaus ambitioniert zur Sache geht. Das Kartoffel-Petersilien-Püree zum Zander schmeckt ausgezeichnet, das Kalbsfilet überzeugt mit bester Fleischqualität und einer kräftigen Soße nebst feinen Nudeln.

> **Gasthaus Rebstock**, Schwarzwaldstr. 107, 79183 Waldkirch-Buchholz, Tel. 07681/9872, www.rebstock-buchholz.com
> Donnerstag bis Montag 11.30–14.00 Uhr und ab 17.00 Uhr
> Mittwoch ab 17.00 Uhr, Dienstag Ruhetag

Hotel-Restaurant Hirschenstube, Waldkirch

Die 200 Jahre alte Hirschenstube ist eine Waldkircher Institution. Auf der Speisekarte mischen sich badische Klassiker mit mediterranen Kreationen. Alles ist frisch und ohne Schnörkel tadellos zubereitet, ob dies nun eine geschmorte Lammhaxe ist oder ein punktgenau gebratenes Stück Seeteufel auf Spinat.

> **Hotel-Restaurant Hirschenstube**
> Schwarzwaldstr. 45, 79183 Waldkirch-Buchholz
> Tel. 07681/477770, Fax 4777740, www.hirschenstube.de
> Dienstag bis Samstag 11.30–14.00 Uhr und 17.00–21.00 Uhr
> Sonntag 11.30–14.00 Uhr, Montag Ruhetag

Restaurant Rössle, Elzach

Hier wird eine durch und durch hochwertige Frische-Küche geboten, wobei Küchenchef Häringer vor allem eine Liebe zu Fischgerichten hat, was in den alljährlichen Fisch- und Hummerwochen seinen kulinarischen Ausdruck findet. Aber auch der Sauerbraten mit seiner tiefen und kräftigen Soße ist nicht zu verachten.

> **Restaurant Rössle**, Hauptstr. 19, 79215 Elzach
> Tel. 07682/212, Fax 924398, www.roesslelzach.de
> Donnerstag bis Sonntag und an Feiertagen 11.30–14.00 Uhr und 17.00–21.30 Uhr. Dienstag und Mittwoch Ruhetag

Das Glottertal

Das nordöstlich von Freiburg in einer guten Viertelstunde zu erreichende Glottertal eignet sich auch für einen Halbtagesausflug.

ANFAHRT

Wir verlassen Freiburg auf der B3 in Richtung Norden. Kurz vor Denzlingen gabelt sich die Straße: wir fahren rechts in Richtung Waldkirch. Nach rund zwei Kilometern geht es dann rechts ab ins Glottertal.

Das Glottertal war wegen seiner Gastronomie und seiner Weine schon immer ein beliebtes und schnell zu erreichendes Ausflugsziel für die Freiburger. Bei der Fahrt talaufwärts wird es links von den Ausläufern des Kandelmassives, rechts durch den Rosskopf begrenzt. Der Bergbau hat hier – vermutlich schon seit dem Mittelalter – Tradition. Die Herzöge von Zähringen ließen nach Silber und anderen Erzen graben. Jedoch bereits im 16. Jahrhundert wurde der Bergbau wegen mangelnder Rentabilität wieder eingestellt.

Der Wein

Seit dem 15. Jahrhundert wird im Glottertal, einer der kleinsten Weinbaugemeinden Deutschlands, Wein angebaut. Die Weinberge reichen bis in Höhenlagen von 500 Metern und gehören zu den steilsten und höchstgelegenen in Deutschland. Hangneigungen von bis zu 70 Grad sorgen zwar für eine optimale Sonneneinstrahlung und bestes Lesegut. Die Bewirtschaftung ist jedoch enorm anstrengend und zeitaufwändig, da der Einsatz von Maschinen kaum möglich ist. 90% der gesamten, 58 Hektar großen Anbaufläche müssen von Hand bewirtschaftet werden. Der Arbeitsaufwand ist hier fünf bis sechsmal so groß wie in Weinbergen, die mit Maschinen bearbeitet werden können. „Eichberg" und „Roter Bur" sind die bekannten Glottertäler Weinlagen.

Weinwanderweg

Unter der zahlreichen ausgeschilderten Wanderwegen an den Hängen des Tales entlang ist der Weinwanderweg sicher einer der Interessantesten. Die 3,5 Kilometer lange Rundstrecke beginnt und endet am Parkplatz am Sportplatz. Der Weg führt am Winzerpfad talaufwärts direkt in die Weinlage „Roter Bur". Der recht steile Anstieg wird mit einer sehr schönen Aussicht belohnt. Für den Rückweg zum Parkplatz kann man unter mehreren beschilderten Möglichkeiten wählen. Wer sich noch weitere Informationen besorgen und vor allem auch Wein probieren möchte, nimmt den Rückweg an der evangelischen Kirche vorbei zur Winzergenossenschaft. Die Informationstafeln entlang des Weges informieren über das vernetzte Biotopsystem „Leben im Weinberg", über die Rebsortenstruktur und was es mit dem „Scheffelwein" und der Bezeichnung „Roter Bur" auf sich hat.

Rundwanderung ins Föhrental

Eine sehr abwechslungsreiche Rundwanderung führt in das drei Kilometer lange, sonnige Föhrental, das am Eingang des Glottertales nach rechts abzweigt. Ausgangspunkt der neun Kilometer langen Wanderung, für die rund drei Stunden benötigt werden, ist bei der Eichberghalle, Rathausweg 12, wo auf dem Parkplatz auch das Auto abgestellt werden kann. Der Weg führt zum Leimeneck mit schöner Aussicht und zum Kreuzbauernhof mit dem sehenswerten „Longinuskreuz".

Weitere ausgeschilderte Wanderungen ab der Eichberghalle:

- **Naturlehrpfad:** 3 km, rund eine Stunde Wanderzeit auf sehr bequemem Weg
- **Über das Leimeneck und das Silbergrüble:** 4,5 km, rund zwei Stunden Wanderzeit
- **Rundwanderweg Ahlenach:** 9 km, drei Stunden Wanderzeit
- **Großer Weinbergrundweg:** 10 km, 3,5 Stunden Wanderzeit

Im Föhrental

Schwarzwaldklinik

Bundesweit in die Schlagzeilen kam das Glottertal, als 1984 das ZDF seine Erfolgsserie „Schwarzwaldklinik" im Carlsbau, der damaligen Kurklinik der Landesversicherungsanstalt Württemberg, drehte. Der Klinikbetrieb nahm trotz der Dreharbeiten damals seinen ganz normalen Lauf. Für Besucher, die zum ersten Mal ins Glottertal kommen und sich noch an Details dieser Serie erinnern, ist immer wieder verwirrend, dass – der Schnitttechnik beim Film sei Dank – Schwarzwaldmotive wie der Titisee oder das Wohnhaus der Brinkmanns direkt bei der Klinik vermutet werden, in Wirklichkeit jedoch 35 beziehungsweise 60 Kilometer entfernt im Schwarzwald liegen.

EINKEHREN

Mosthof

Der Dilgerhof, von Einheimischen und Stammgästen auch Mosthof genannt, ist ein Ausflugsziel, dem man sofort das Prädikat „wie im Bilderbuch" oder „Schwarzwaldidylle pur" geben möchte. Der 1802 erbaute und noch heute bewirtschaftete Bauernhof ist weitgehend in seiner ursprünglichen Bausubstanz erhalten. Was ihn als Ziel so lohnend macht, ist die Tatsache, dass man hier einkehren und vespern kann. Dabei glaubt man, die Zeit sei ein bisschen stehen geblieben. In der Bauernstube sitzt man quasi in der guten Stube der Familie und mit dieser am Tisch. Bei schönem Wetter bevorzugen jedoch fast alle die große Terrasse mit dem traumhaften Blick ins Tal. Auch wenn es noch ein paar andere Getränke gibt: der hofeigene Apfelmost ist eindeutig der Renner. In ihm werden zum Teil vom Aussterben bedrohte seltene, alte Apfelsorten von Streuobstwiesen verarbeitet, wie Bohnäpfel und Nikolausäpfel. Das leicht herbe Getränk, von dem der Liter den Geldbeutel schonende drei Euro kostet, passt bestens zu den deftigen Wurst- und Speckvespern. Blutwurst, grobe Bauernwurst, Leberwurst, Speck und Schwarzwälder Schinken – alles stammt von den eigenen Schweinen und auch das herzhafte Bauernbrot ist selbst gebacken. Danach hilft nur noch der wunderbare Zibärtle-Schnaps, ein hervorragender Brand aus einer seltenen Wildpflaume.

Die Wirtin vom Mosthof

> **Dilgerhof (Mosthof)**, Am Kandelbächle 22, 79286 Glottertal
> Tel. 07684/1241, geöffnet Montag bis Samstag ab 15.00 Uhr
> Sonn- und Feiertage geschlossen
> Anfahrt: den Ort Glottertal talaufwärts verlassen, kurz nach dem Ort beim Schild „Am Kandelbächle" links abbiegen und den Hang hinauffahren. Immer auf dem leicht kurvigen Sträßchen bleiben, das zum Schluss eine sehr große Rechtskurve beschreibt, danach ist man am Ziel.

Das Glottertal ist rechts und links von Gasthäusern und Hotels gesäumt. Zwei Adressen müssen, stellvertretend für alle, herhalten:

Hirschen

Für die eher gehobene Küche ist der Hirschen zuständig. Hummerrahmsuppe, gebratene Edelfische auf Roter Beete und Apfelmeerrettichcreme, Rehbocknüsschen unter einer Pinienkernkruste mit Pfifferlingrahmsoße, Ofenschlupfer mit Zwetschgenkompott und Sauerrahmeis: zusammen mit den Weinen vom eigenen Gut lässt es sich hier auf sehr hohem kulinarischen Niveau tafeln.

> **Hotel und Restaurant Hirschen**, Rathausweg 2, 79286 Glottertal
Tel. 07684/810, Fax 1713, www.hirschen-glottertal.de
Dienstag bis Sonntag 12.00–14.30 Uhr und 18.00–24.00 Uhr
Montag Ruhetag

Zur Sonne

Ein Wirtshaus, das zum Glück nicht all den Renovierungswellen der 70er und 80er Jahre zum Opfer gefallen ist. Hier gibt es originale Schwarzwälder Gastlichkeit mit holzgetäfelten Wänden, Kachelofen und Herrgottswinkel. Auf der Speisekarte, ganz dazu passend, vorwiegend Regionales wie Leberle, Nierle, Ochsenfleisch und Wildgerichte, und Sonntags immer einen saftigen Sonntagsbraten aus dem Ofen mit handgeschabten Spätzle – eine durch und durch grundsolide und schmackhafte Küche ohne Firlefanz. Das Gasthaus hat nur 50 Plätze, zu reservieren empfiehlt sich.

> **Gasthof zur Sonne**, Talstr. 103, 79286 Glottertal
Tel. 07684/242, Fax 9335, www.sonne-glottertal.de
Freitag bis Sonntag 11.00–24.00 Uhr, Montag und Dienstag
11.00–14.30 Uhr und 17.00–24.00 Uhr, Donnerstag ab 17 Uhr
Mittwoch Ruhetag

Klosterkirche St. Märgen vor dem Feldberg

Sankt Peter Sankt Märgen

Der Besuch von zwei bedeutenden Klosteranlagen lässt sich auf einer Tagesrundfahrt gut miteinander verbinden. Die Strecke führt ein Stück über die Schwarzwald-Panorama-Straße mit herrlichen Ausblicken.

ANFAHRT

Wir verlassen Freiburg auf der B31 nach Osten in Richtung Donaueschingen. Drei Kilometer nach dem Kappler Tunnel biegen wir vor Kirchzarten von der B31 ab und fahren über Stegen auf der L127 nach St. Peter.

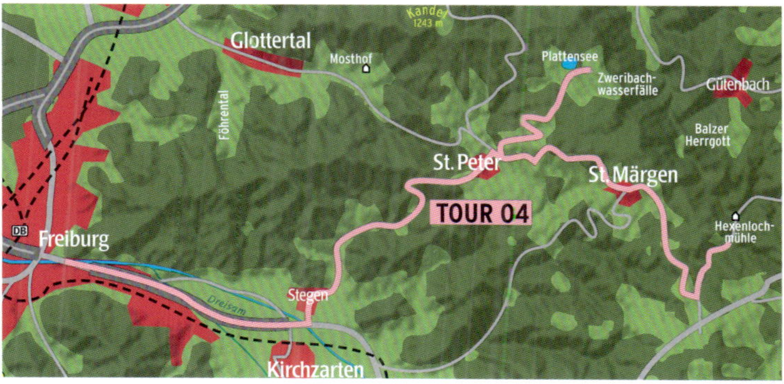

SANKT PETER

Die beiden barocken Türme der **Pfarrkirche St. Peter** sind die weithin sichtbaren Wahrzeichen des staatlich anerkannten Luftkurortes mit seinen 2.500 Einwohnern. Der Ort liegt auf einem Plateau zwischen Thurner und Kandel auf 700 bis 1.200 Metern Meereshöhe. Kirche wie Bibliothek gehören zu den bedeutendsten Bauwerken des Barock und des Rokoko in Südwestdeutschland.

> www.st-peter-schwarzwald.de

Pfarrkirche Sankt Peter

Pfarrkirche und Bibliothek

Gegründet wurde das Benediktiner-Kloster im Jahr 1093 durch Bertold II aus dem Geschlecht der Zähringer. Die Herzöge von Zähringen kamen ursprünglich von der Schwäbischen Alb, aus Weilheim an der Teck. Im 11. und 12. Jahrhundert verlegten sie ihr Machtzentrum in den Breisgau und gründeten die Benediktiner-Abtei St. Peter. Sie diente dem Fürstengeschlecht als Hauskloster und Grablege. Noch heute birgt das Kloster die Gruft der Fürstenfamilie. Im Zuge der Säkularisation wurde die Abtei 1806 aufgelöst, der Besitz ging an den Staat. Von 1842 bis

2006 war hier ein Priesterseminar des Erzbistums Freiburg untergebracht. Und seit 2006 beherbergt die ehemalige Abtei das Geistliche Zentrum der Erzdiözese Freiburg. Seitdem ist es ein wichtiger Begegnungsort für das Bistum mit Seminaren, Vorträgen und vielen musikalischen Veranstaltungen.

> **Infos** unter Tel 07660/91010, www.geistliches-zentrum.org

Die Kirche hat im Laufe der Jahrhunderte fast alle Stilepochen erlebt. Als romanische Basilika gegründet, wurde sie nach einem Großbrand im 15. Jahrhundert im gotischen Baustil wieder aufgebaut. Im 17. Jahrhundert wurde die Innenausstattung im frühbarocken Stil umgebaut. Als dann in der Nachbargemeinde St. Märgen eine neue barocke Kirche entstand, wollte man in St. Peter mithalten und beauftragte den berühmten Vorarlberger Baumeister Peter Thumb mit dem Bau eines neuen Kirchengebäudes mit barocker Fassade und ebensolcher Innenausstattung. Das prachtvolle Innere der Kirche wird geprägt vom Hochaltar, den mit Stuckaturen üppig verzierten Seitenaltären sowie den goldverzierten Statuen der Herzöge von Zähringen auf den Wandpfeilern.

Ein besonderes Prachtstück ist die ebenfalls nach Plänen von Peter Thumb im Rokoko-Stil erbaute **Klosterbibliothek**. Die Deckengemälde wurden 1751 von Benedikt Gambs geschaffen, die allegorischen Figuren auf der Galerie, die verschiedene Wissenschaftsbereiche versinnbildlichen, sind Arbeiten des Klosterbildhauers Matthias Faller nach Modellen von Christian Wenzinger. Ursprünglich waren es 12 Figuren, sechs sind noch erhalten.

> **Führungen durch die ehemalige Benediktiner-Abtei mit Fürstensaal, Rokoko-Bibliothek und Pfarrkirche**
Sonntag und an Feiertagen 11.30 Uhr, Dienstag 11.00 Uhr und Donnerstag 14.30 Uhr
Erwachsene 6,00 Euro, Jugendliche (12–18 J.) 2,00 Euro
Kinder bis 12 Jahre frei. Für Gruppen können Sondertermine vereinbart werden. Tickets gibt es an der Pforte des Geistlichen Zentrums, Klosterhof 2, 79271 St. Peter, Tel. 07660/91010

Von St. Peter erreicht man mit dem PKW über die L127 in wenigen Minuten St. Märgen.

Portal zum Klosterhof St. Märgen

SANKT MÄRGEN

Klosterkirche und Klostermuseum

Der Luftkurort mit 1.900 Einwohnern liegt im Herzen des Naturparks Südschwarzwald an der Schwarzwald-Panorama-Straße zwischen Kandel und Feldberg. Von hier aus öffnen sich die schönsten Panoramablicke auf den südlichen Schwarzwald. Diese zu früheren Zeiten undurchdringliche und furchteinflößende Mittelgebirgslandschaft wurde nach und nach von Klostersiedlungen erschlossen. Ein wichtiges Datum dabei ist die Gründung des Augustiner-Chorherrenstiftes „Cella Sanctae Mariae" um das Jahr 1118 durch den Straßburger Domprobst Bruno, dem heutigen St. Märgen. Interessant ist die Namensentwicklung: aus Cella Sanctae Mariae wurde auf deutsch Maria-Zell auf dem Schwarzwald und dann über Mergenzell, Sankt Maria, St. Marien, St. Märijen und St. Mergen schließlich St. Märgen. 1907 zerstörte ein Blitzschlag die Kirche. Dabei ging die berühmte Silbermann-Orgel verloren. Gerettet werden konnten von der ursprünglichen Ausstattung jedoch die Holzfiguren des Schnitzers Matthias Faller, der dem Kloster einige Zeit als Laienbruder angehört hatte. Der Wiederaufbau erfolgte in den Jahren 1907 bis 1914 im alten, neobarocken Stil.

> **Führungen durch die Klosterkirche**

1. Mai bis 1. November jeweils Mittwoch 17.30 Uhr

Das Klostermuseum

Das Kloster widmet sich in erster Linie der religiösen bäuerlichen Kunst. Drei Bereiche sind dabei von besonderem Interesse.

Zum einen die Hinterglasmalerei, die im Schwarzwald in enger Verbindung mit der Wallfahrt steht. Dann die Schwarzwalduhren-Ausstellung. Um 1660 fertigten die Schwarzwälder Uhrmacherbrüder Georg und Mathias Kreutz die ersten hölzernen Waaguhren, deren weltweiter Siegeszug schon kurze Zeit später begann. Die chronologisch aufgebaute Ausstellung zeigt die gesamte Bandbreite der Uhrwerke und der geschnitzten und gemalten Uhrenschilde – ein lebendiger Einblick hinter das Klischee von der Kuckucksuhr. Von großer kunstgeschichtlicher Bedeutung für die Region ist ferner eine Ausstellung, die dem am 23. Februar 1707 auf dem Oberfallengrundhof geborenen Holzbildhauer Matthias Faller gewidmet ist. Wanderjahre führten ihn nach seiner Lehre bis nach Wien und Prag. Nach seiner Rückkehr in den Schwarzwald arbeitete er bis zu seinem Tod im Jahre 1791 vor allem für die Klöster St. Märgen und St. Peter und die dazugehörigen Pfarreien. Er schuf große Barock- und Rokokoaltäre sowie kleinere Hausaltäre und auch Uhrenschilde. Das Museum wie auch die Klosterkirche und die benachbarte Ohmenkapelle beherbergen zahlreiche seiner charakteristischsten Werke.

> **Kloster Museum St. Märgen**
Rathausplatz 1, 79274 St. Märgen, Tel. 07669/911817
tourist-info@st-maergen.de, www.kloster-museum.de
1. Mai bis 1. November Mittwoch und Donnerstag
10.00–13.00 Uhr und 14.00–17.00 Uhr
Sonn- und Feiertage ganzjährig 10.00–13.00 Uhr
Eintritt 3,00 Euro, Kinder unter 15 Jahren frei

Naturfreibad St. Märgen

Der kleine Natursee bietet Badespaß wie anno dazumal frei nach dem Motto: lieber Trinkwasserqualität statt Chemie, lieber Schwarzwaldwiese statt englischer Rasen. Die Öffnungszeiten werden hier oben pragmatisch gehandhabt: je nach Wetterlage von 9.00 bis 18.00 Uhr.

Zwei interessante Abstecher führen zu den Zweribachwasserfällen und zur Hexenlochmühle

Zweribachwasserfälle

Für alle, die gut zu Fuß sind, ist ein Abstecher in den Bannwald Zweribach und zu den Zweribachwasserfällen ein eindrucksvolles Naturerlebnis. Mit dem PKW fährt man von St. Peter in Richtung Platte und zum Plattensee. Die Platte ist eine 950 Meter hoch gelegene Hochebene rund sieben Kilometer nördlich von St. Peter. Hier gibt es weite, sonnige Wiesen, einen kleinen Stausee und mit dem Plattenhof eine Bauernwirtschaft mit gemütlicher Gaststube für ein stärkendes Vesper. Das Wasser des Plattensees fließt über den Zweribach zum Simonswäldertal, wo es für die Stromerzeugung genutzt wird. Die Wasserfälle sind von hier aus nur zu Fuß zu erreichen, bergab auf einem kurvigen Weg. Hin und zurück muss man mit rund einer Stunde rechnen.

Die Wasserfälle stürzen in drei Fallstufen mit acht, drei und 15 Metern ins Simonswälder Tal. Seit einigen Jahren sind die Wasserfälle im Winter das Ziel von Eiskletterern. Der Bannwald wird seit Jahren sich selbst überlassen. Ohne forstwirtschaftliche Eingriffe wird er wieder mehr und mehr zum ursprünglichen Urwald.

Hexenlochmühle

Es gibt wohl kaum einen Bildband über den südlichen Schwarzwald, in dem nicht ein Foto von der Hexenlochmühle abgedruckt ist. Vor allem das große Mühlrad mit vier Metern Durchmesser ist ein sehr beliebtes Fotomotiv, nicht zuletzt im Winter, wenn es von riesigen Eiszapfen verziert wird. Die 1825 erbaute Sägemühle ist bis heute in Betrieb, weitgehend original erhalten und kann besichtigt werden. Das Wasserrad wird vom Wasser des Heubachs angetrieben, der rund 300 Liter Wasser pro Sekunde auf das Rad bringt und für eine Leistung von 13 PS sorgt. Ferner ist eine gemütliche Gastwirtschaft eingerichtet. Mühle und Restaurant sind, außer mittwochs, von 10 bis 17 Uhr geöffnet.

Um die Hexenlochmühle zu erreichen fährt man von St. Märgen auf der L128 Richtung Thurner. Nach rund drei Kilometern geht es bei Neuhäusle links ab auf die K4987 in Richtung Glashütte, Hexenloch, Neukirch.

> **Hexenlochmühle**, Hexenlochstrasse 13+14
78120 Furtwangen-Neukirch, Tel. 07723/7322, Fax 1441
info@hexenlochmuehle.de, www.hexenlochmuehle.de

EINKEHREN:

Goldene Krone, St. Märgen

Die Goldene Krone in St. Märgen, ehemals Hotel und Kurhaus, war schon fast dem Verfall preisgegeben, als sich eine Bürgerinitiative daran machte, das historisch bedeutsame Ensemble zu retten. Wo früher die Philosophen Husserl, Heidegger und Edith Stein ihren Kaffee tranken und sich auch Konrad Adenauer im Gästebuch verewigt hat, sorgt heute eine vor allem von Frauen getragene Initiative für das leibliche Wohl der Gäste. Mit der originalgetreuen Renovierung der Krone wurde ein wichtiger Beitrag geleistet, der Verödung der Innenstädte entgegenzutreten und den örtlichen Mittelpunkt wieder zu beleben. Nicht nur, aber vor allem die hausgebackenen Kuchen haben den kulinarischen Ruf der Krone weit über den Ort hinausgetragen.

> **Goldene Krone**, Wagensteigstraße 10
79274 St. Märgen, Tel. 07669/9399988
info@krone-st-maergen.de, www.krone-st-maergen.de
Mittwoch bis Freitag 12.00–18.00 Uhr, Samstag und Sonntag von 14.00–18.00 Uhr, Montag und Dienstag Ruhetag
Im Winterhalbjahr von Oktober bis April gibt es am Sonntag ab 10.00 Uhr ein Landfrühstücksbuffet

Zur Sonne, St. Peter

Die Sonne ist ein sympathischer Familienbetrieb und ein Gourmetrestaurant obendrein, das sowohl bei der Auswahl der Produkte wie bei der Zubereitung der Speisen hohe Ansprüche stellt. Es kommen viele regionale Bio-Produkte auf den Tisch, und vom Brot bis zur abschließenden Praline ist alles hausgemacht. Ein Klassiker ist das butterzart geschmorte St. Petermer Zicklein mit Schniederspätzle oder der Sauerbraten vom Bioland-Rind mit weißen Rübchen und Kartoffeln. Verführerisch sowohl vom Preis wie vom Inhalt her ist auch immer wieder das dreigängige Sonnen-Menü für 19,80 Euro.

> **Restaurant zur Sonne**, Zähringer Str. 2, 79271 St. Peter
Tel. 07660/94010, Fax 940166, sonne-st.peter@t-online.de
www.sonneschwarzwald.de
Dienstag bis Sonntag 10.00–24.00 Uhr. Montag Ruhetag

Plattenhof am Plattensee

Ein Bauernhof mit Tierhaltung, Gaststube und Gartenwirtschaft unter Schatten spendenden Bäumen. Die Vesper kommen aus eigener Herstellung und beginnen bei kundenfreundlichen 3,50 Euro für eine Portion Blut- und Leberwurst.

> **Plattenhof**, Familie Dold, Platte 3, 79271 St. Peter
Tel. 07660/864, Fax 920443, www.plattenhof-ferienwohnung.de
Mai bis Oktober Mittwoch bis Sonntag 11.00–22.00 Uhr
Montag und Dienstag Ruhetag
November bis April nur Freitag bis Sonntag 11.00–22.00 Uhr

Hexenlochmühle

Man sitzt in der gemütlichen Schwarzwaldstube oder draußen am rauschenden Mühlbach. Auf der Karte stehen kalte und warme Spezialitäten aus der Schwarzwälder Küche und hausgemachte Schwarzwälder Kirschtorte.

> **Hexenlochmühle**, Hexenlochstrasse 13+14
78120 Furtwangen-Neukirch, Tel. 07723/7322, Fax 1441
info@hexenlochmuehle.de, www.hexenlochmuehle.de
Außer Mittwoch täglich 10.00–17.00 Uhr

Über dem Höllental

Durchs Höllental in den Hochschwarzwald

Das neun Kilometer lange Höllental ist eines der beeindruckendsten Täler des Schwarzwaldes. Es beginnt hinter dem Ort Himmelreich und endet kurz vor Hinterzarten in rund 800 Meter Höhe. Die Tour durch das Tal kann mit einigen lohnenden Zielen im Hochschwarzwald verbunden werden, die vom sommerlichen Badespaß in Deutschlands größtem Mittelgebirgssee über Museumsbesuche oder Seeblick-Kaffeetrinken bis hin zur Loipentour im Winter für jeden Geschmack etwas bieten.

ANFAHRT

Wir verlassen Freiburg auf der B31 nach Osten in Richtung Donaueschingen. Nach etwa 15 Kilometern, kurz hinter Falkensteig, liegt beim Hirschsprung der spektakuläre Einstieg ins Höllental. Von hier aus sind es noch runde zehn Kilometer bis Hinterzarten. Umweltfreundliche Varianten sind die Höllentalbahn ab dem Wiehrebahnhof oder die Busse des RVF, die in der Regel am Hauptbahnhof abfahren.

DAS HÖLLENTAL

Man kann sie noch erahnen, die wilde Schlucht, die noch vor zweihundert Jahren entlang des Rotbaches nur auf einem engen Maultierpfad begehbar war. Vor allem am Eingang, kurz vor dem berühmten Hirschsprung. Hier verengt sich das Tal bis auf wenige Meter, flankiert von steilen Felswänden, die nur wenigen dürren Bäumchen Halt bieten. Es lohnt sich, kurz auf dem Parkplatz anzuhalten, den Kopf in den Nacken zu legen und dem bronzenen Hirsch Reverenz zu erweisen, der sich einst angeblich mit einem todesmutigen Sprung über die Schlucht vor seinen Verfolgern gerettet hat.

Der Ausbau des Tales zur wichtigsten Transitstrecke des Südschwarzwaldes begann bereits im 18. Jahrhundert. Damals wurde der Fahrweg zu Ehren der österreichischen Prinzessin Marie Antoinette ausgebaut – sie sollte es auf ihrem Brautzug im Jahre 1770, der sie vom heimatlichen Wien zu ihrem künftigen Gatten Ludwig XVI an den französischen Hof führte, möglichst kommod haben. Das damals vorderösterreichische Freiburg bereitete der künftigen französischen Königin einen begeisterten Empfang. Man servierte der Kaisertochter sogar einen Wiener Rostbraten im Schwarzwälder Stil. Das sollte zeitlebens ihr letztes österreichisches Essen sein. Wäre sie nur hier geblieben ...

Hinter dem Hirschsprung wird das Tal breiter bevor kurz nach dem Hofgut Sternen der eigentliche Anstieg beginnt. In Serpentinen führt die Straße bergan. Bei Höllsteig ist es ratsam, vom Gas zu gehen. Hier beschreibt die Kurve um einen spitzen Felskegel fast einen geschlossenen Kreis. Achtgeben sollte man gerade an dieser Stelle auch auf die zahllosen Schwerlaster, die auf ihrem Weg von Moskau nach Madrid das Tal hinunter brettern. Das Höllental ist zu einer europäischen Transitstrecke geworden, auf der sich trefflich Maut sparen lässt. Der Kollaps ist nicht mehr weit, und die Tannen lichten sich. Dies ist die Schattenseite des romantischen Tales, wo Globalisierung und transnationale Verkehrsströme kein Pardon kennen.

Gut, dass es Alternativen zur motorisierten Eroberung des Höllentals gibt. Und oben angekommen, sind alle weiteren Ziele mit öffentlichen Verkehrsmitteln erreichbar.

Ravennaschlucht

Ja, auch das Ehrfurcht gebietende Höllental lässt sich zu Fuß bezwingen. Hinter der St. Oswaldkapelle beim Hofgut Sternen beginnt der Einstieg in die wildromantische Ravennaschlucht, die über enge Wege, Brücken und – teilweise glitschige – Treppen am Ravenna-Wasserfall entlang in rund drei Stunden nach Hinterzarten führt. Man folgt dem mit einer gelben Raute markierten Weg unter dem Viadukt der Höllentalbahn hindurch und geht steil bergan bis zur Großjockenmühle und weiter bis zu einer ehemaligen Löffelschmiede. Kurz vor Hinterzarten folgt der Weg eine Zeit lang der Route des Querwegs Freiburg-Bodensee. Dann noch eben den Ravennabach überquert, eine kurze Steigung bewältigt, und das Ziel ist erreicht.

Bequemer und nicht so schweißtreibend, aber auch umweltfreundlich, wird der Aufstieg mit der **Höllentalbahn** bewältigt. Ein besonderes Erlebnis für jeden Bahnliebhaber.

Ravennabrücke

Erste Pläne für den Bau einer Eisenbahn durch das Höllental wurden schon Mitte des 19. Jahrhunderts geschmiedet. Doch hohe Kosten und technische Schwierigkeiten zögerten die Realisierung hinaus. Schließlich fand sich in dem genialen Eisenbahningenieur Robert Gerwig, der schon die Schwarzwaldbahn und die Gotthardbahn gebaut hatte, der richtige Mann für das gewagte Projekt. Im Jahre 1884 fiel der Startschuss, eingeweiht wurde die neue Bahn am 23. Mai 1887. Der badische Großherzog Friedrich I. höchstselbst übergab den 36 Kilometer langen Abschnitt von Freiburg nach Neustadt der Öffentlichkeit. Weitere 40 Kilometer bis Donaueschingen kamen später hinzu.

Um die steilen Auf- und Abstiege bewältigen zu können, verkehrten anfänglich auf der Strecke Spezial-Lokomotiven, die sowohl im Normalbetrieb als auch im Zahnradbetrieb fahren konnten. Mit der Konstruktion sicherer Bremsen konnte ab 1901 bergab auf den Zahnradbetrieb verzichtet werden. 1934 schließlich wurde die Strecke elektrifiziert.

Die Bahnlinie verläuft weitgehend parallel zur Straße und überwindet zwischen Himmelreich und Hinterzarten einen Höhenunterschied von 441 Metern. Die Route gehört zu den steilsten Bahnstrecken Deutschlands und führt durch neun Tunnels und zahlreiche Viadukte von Freiburg nach Donaueschingen. Das Ravenna-Viadukt mit 222 Metern Länge und 42 Metern Höhe ist das eindrucksvollste Bauwerk.

HINTERZARTEN

Das Höllental endet auf der Passhöhe bei Hinterzarten. Der hübsche heilklimatische Kurort hat rund 2.600 Einwohner und erstreckt sich mit seinen zahlreichen Ortsteilen über eine Höhe von 850–1.200 Meter und ist ein Eldorado für Sportbegeisterte. Vor allem die Skifahrer können sich auf Loipen, Pisten und Sprungschanzen austoben. Der Ort verfügt über eine Anlage mit vier Schanzen, auf denen auch internationale Wettkämpfe ausgetragen werden.

Die mächtige **Adlerschanze** ist fast so etwas wie das Wahrzeichen des Ortes. Von ihr wird auch bei den jährlich stattfindenden Internationalen Sommerskispringen gesprungen. Interessierte Besucher können bei den Führungen alles Wissenswerte über die Anlagen erfahren und einmal aus schwindelerregender Höhe vom Anlaufturm nach unten blicken.

> **Adlerschanze**, Führungen zwischen Mai und Oktober jeweils Donnerstag 11.30 Uhr, Treffpunkt Betriebsgebäude

> **Infos** auch bei Christiane Danner Tel. 07664/962666, Mobil 0171-3837391

Wer es allerdings vorzieht, auf dem Boden zu bleiben, hat dazu rund um Hinterzarten die besten Gelegenheiten. Empfehlenswert ist eine Wanderung im **Hinterzarter Moor** nördlich des Ortes, ein Relikt aus der Eiszeit und eines der am besten erhaltenen Hochmoore Mitteleuropas. Mit etwas Glück kann man auf der Tour auch seltene Schmetterlinge beobachten.

Kesslerhof in Hinterzarten

Zwei für Jung und Alt hochinteressante Lehrpfade wurden bei Hinterzarten angelegt:

Der auch für Kinderwagen und Rollstühle geeignete **Naturerlebnispfad** hat so gut wie keine Steigung. Evernius Flechtel, das Maskottchen des Pfades, führt von Station zu Station. Mit vor allem auf Kinder zugeschnittenen spielerischen Aktionen soll die Neugier auf die Natur geweckt und gefördert werden. Es gibt unter anderem einen Barfußweg, die Möglichkeit, mit Holzstücken Musik zu machen oder sich an einem Seil über einen Bach zu hangeln. Die Route ist zwei Kilometer lang, kann aber jederzeit abgekürzt werden.

Der **Hochmoorlehrpfad** führt durch ein 70 Hektar großes Moorgebiet, übrigens eines der besterhaltenen in Mitteleuropa. Viele Informationstafeln erklären die Entstehungsgeschichte und die einzigartige Vegetation dieses Naturschutzgebietes. Der Lehrpfad ist auch mit Kinderwagen begehbar.

> **Hinterzarten Breitnau Tourismus** GmbH
Freiburger Str. 1, 79856 Hinterzarten, Tel. 07652/12060
tourismus@hinterzarten.de, www.hinterzarten.de

Tipps im Ort

Sonntagsläden

Einen genaueren Blick lohnen die Denkmal geschützten Verkaufsbuden vor der Kirche. Ursprünglich beherbergten sie die sogenannten Sonntagsläden, die auch an den Sonntagen Waren für die Waldbauern der Umgebung feilboten. Die „Wälder" kamen in der Regel nur einmal in der Woche in den Ort – am Sonntag eben, zum Gottesdienst und zum Einkaufen.

Schwarzwälder Skimuseum

Das Schwarzwälder Skimuseum zeigt die über hundertjährige Geschichte des Skilaufs im Schwarzwald und gibt Einblicke in den winterlichen Alltag im Schwarzwald. Ein Schwerpunkt ist dem bekanntesten Sohn des Ortes, Georg Thoma, Olympiasieger von 1960, gewidmet. Schwarzwälder Wintermaler und Zeugnisse der Vereinsgeschichte runden die Sammlung ab.

> **Schwarzwälder Skimuseum**
Hugenhof, 79856 Hinterzarten Tel. 07652/982192
Dienstag, Mittwoch und Freitag 15.00–17.00 Uhr
Samstag, Sonntag, Feiertag 12.00–17.00 Uhr

Barockaltäre

Die Pfarrkirche, die Chor und Turm der barocken Vorgängerkirche Maria in der Zarten mit dem zeitgenössischen Glas-Betonbau der 60er verbindet, beherbergt die Barockaltäre aus der alten Wallfahrtskirche.

Spielzeugmuseum „Zum kleinen Hannes"

Die auf rund 70 qm Ausstellungsfläche präsentierten Puppenstuben, Küchen, Kaufläden, Bauernhöfe und Burgen bieten einen Einblick in die Spielzeugwelt vom ausgehenden 19. Jahrhundert bis in die sechziger Jahre.

> **Spielzeugmuseum „Zum kleinen Hannes"**
C. Klinck-Leimenstoll, Adlerschanze 1, 79856 Hinterzarten
Tel. 0 7652/980563 oder 07661/5287
Dienstag, Donnerstag, Samstag 15.00–18.00 Uhr
Sonn- und Feiertage 14.00–18.00 Uhr (Karfreitag, Ostermontag, Heiligabend und 1. Weihnachtsfeiertag geschlossen)
Führungen nach Vereinbarung

Tipps außerhalb des Ortes

Mathisleweiher

Einen lohnenden Abstecher bietet der Mathisleweiher zwischen Hinterzarten und Feldsee. Der idyllische kleine Moorsee liegt im Naturschutzgebiet Eschengrund und ist nur zu Fuß erreichbar.

Ab Hinterzarten dem Emil-Thoma-Weg folgen in Richtung Südwesten, also in Richtung Feldsee, Feldberg und Rinken. Dann nach ca 2 km links ab (Schild) – und nach 500 m steht man an dem Moorsee.

Morgenstimmung am Mathisleweiher

EINKEHREN

Parkhotel Adler

Der Adler ist eine Schwarzwälder Hotellegende. Er liegt einzigartig in einem 40.000 Quadratmeter großen Park. Wer in einem noblen Ambiente tafeln möchte, ist im „Wirtshus“ und in der „Stube“ bestens aufgehoben bei einer leichten Küche, die Einflüsse aus aller Welt in sich vereinigt. Dass das Preisniveau hier eher gehoben ist, ist angesichts des opulenten Rahmens, der hier geboten wird, nicht verwunderlich.

> **Parkhotel Adler**, Adlerplatz 1, 79856 Hinterzarten
Tel. 07652/1270, Fax 127717
www.parkhoteladler.de
Adler Wirtshaus tägl. 12.00–23.00 Uhr, kein Ruhetag
Adler Stube, Mittwoch bis Sonntag 18.30–22.00 Uhr
Montag und Dienstag Ruhetag

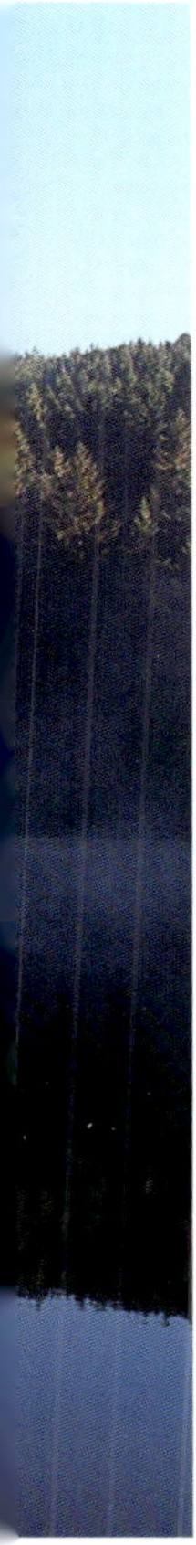

Waldhotel Fehrenbach

Das Hotel-Restaurant, ein gepflegter Familienbetrieb, liegt ein paar Kilometer außerhalb im Ortsteil Alpersbach, aber die Fahrt auf dem schmalen Sträßchen dorthin lohnt schon alleine wegen der ziemlich einmaligen Kräuterküche von Josef Fehrenbach. Er kennt tausend und ein Wildkraut und verarbeitet diese in wunderbar aromatischen Gerichten. Wildkräutersalat, Brennnesselklößchen, Spitzwegerichsoße, Zucchini-Girsch-Gemüse, im Heu gegarte Rehkeule, Tannenspitzensoße – das sind nur ein paar Beispiele aus Fehrenbachs unerschöpflichem Reservoir an Kräutern und Ideen. Kräuterkochkurse und Kräuterführungen durch Wald und Flur runden das Angebot ab.

> **Waldhotel Fehrenbach**,
Alpersbach 9, 79856 Hinterzarten
Tel. 07652/91940, Fax 919410
www.waldhotel-fehrenbach.de
Donnerstag bis Dienstag 11.30–14.00 Uhr und
17.30–23.00 Uhr, Mittwoch Ruhetag

Bootsverleih am Titisee

TITISEE-NEUSTADT

Anfahrt: Von Hinterzarten auf die B 31, nach ca. 3 Kilometern abbiegen nach Titisee.

Vor hundert Jahren lagen rund um den Titisee nur einige wenige Gehöfte. Heute ist Titisee der Hotspot des Südschwarzwalds, ein Höhenluftkurort mit vielen Hotels, Gasthöfen, Restaurants und echtem touristischen Leben rund um die Ufer des größten Natursees in deutschen Mittelgebirgen. Der Ort wurde bei der Gemeindereform mit dem fünf Kilometer entfernten Neustadt zu Titisee-Neustadt zusammengeschlossen und ist mittlerweile zu einem sehr lebhaften touristischen Zentrum geworden. Vor allem im Sommer tummeln sich die Ausflügler an, in und auf dem See, letzteres mittels Luftmatratzen, Tret- oder Elektrobooten, mit denen man gemächlich den See umrunden kann.

Wer dies lieber zu Fuß macht, hat die Möglichkeit, auf einem gut angelegten Wanderweg in guten anderthalb Stunden einmal rund um den See zu marschieren.

EINKEHREN

Nach dem Wander- oder Badevergnügen empfiehlt sich eine Kaffeepause auf der Sonnenterrasse des Schwarzwaldhotels direkt am Seeufer mit Blick auf das bunte Treiben.

> **Treschers Schwarzwaldhotel**, 79822 Titisee, Tel. 07651/8050

Einen Abstecher lohnt der **Gasthof Josen** im Jostal bei Neustadt. Hier kann der Gast seine Forellen selbst angeln und in der Küche zubereiten lassen. Wer lieber passiv genießt und das Bodenständige liebt, dem sei das Hausmacher Vesper empfohlen.

> **Gasthof Josen,** Jostalstraße 90, 79822 Titisee-Neustadt
Tel. 07651/91810-0

Blick auf den Feldberg

Der Feldberg

Gutes Schuhwerk sollte man dabei haben und auch im Sommer einen Pullover oder eine Jacke – dann steht einem Ausflug zum höchsten Schwarzwaldgipfel nichts mehr im Wege.

ANFAHRT

Man verlässt Freiburg auf der B31 in Richtung Osten und fährt das Höllental hinauf bis nach Titisee. Dort zweigt die B317 Richtung Bärental und Feldberg ab. Im Ort Feldberg angekommen zum Parkplatz beim Haus der Natur abbiegen – daneben startet die Kabinenbahn zum Feldberg. Mit dem Zug erfolgt die Anreise zum Bahnhof Feldberg-Bärental und von dort weiter mit dem Bus zur Talstation der Kabinenbahn.

DER FELDBERG

Mit 1.493 Meter ist der Feldberg nicht nur der höchste Berg des Schwarzwaldes, sondern auch der höchste von ganz Baden-Württemberg und – damit die Superlative vollständig aufgezählt sind – auch noch der höchste Berg aller deutschen Mittelgebirge.

Der Gipfel des Feldberges ist nur zu Fuß zu erreichen. Nimmt man die Feldbergbahn, die neben dem Haus der Natur startet, so erreicht man mit ihr den Seebuck, einen 1.448 Meter hohen Vorberg des Feldberges. Am dortigen Aussichtsturm und dem Bismarckdenkmal vorbei führt ein zwei Kilometer langer Fußweg durch eine Senke zum Feldberggipfel. Der überwiegende Teil des Feldberggebietes steht unter Naturschutz, hauptamtliche Naturschutzwarte, die sogenannten Feldberg-Ranger, betreuen und überwachen das Gebiet.

Feldbergbahn mit Bismarckturm

Der Berg ist nicht bewaldet, was allen, die des Mittelhochdeutschen mächtig sind, sofort klar ist: denn der Name hat nichts mit einem Feld zu tun, sondern leitet sich vom mittelhochdeutschen Velt ab, was eine große unbewaldete Fläche bedeutet. Dass auf Grund dieser Situation der Rundblick gigantisch und vor allem das Alpenpanorama atemberaubend ist, versteht sich von selbst.

Der Feldberg ist mit zahlreichen gut markierten und unterschiedlich langen Wanderwegen bestens erschlossen. Sie führen zudem alle an bewirtschafteten Berghütten vorbei, so dass man nur einen geringen Notproviant selbst mitnehmen muss: viel mehr als eine Flasche Mineralwasser und etwas Obst oder ein kleines Vesper sind nicht nötig. Den Rest in Form von Speckeiern, Schwarzwälder Speckvesper und deftigen Eintöpfen gibt es auf verschiedenen Hütten am Wegesrand.

> **Baldenweger Hütte**, Tel. 07676/353
> **Zastler Hütte**, Tel. 07676/244
> **St.-Wilhelmer-Hütte**, Tel. 07676/342
> **Todtnauer Hütte**, Tel. 07676/373

Besonders attraktiv sind der **Felsenweg** zum Feldsee und der **Alpine Pfad**, die jedoch einen sicheren Tritt erfordern. Sie führen durch einige der letzten ursprünglichen Gebiete mit alpinem Charakter im Schwarzwald. Der Großteil der Flora ist geschützt. Handeln Sie sich also keinen Ärger mit den Feldberg-Ranger ein und lassen sie alles, was am Wegesrand blüht, dort stehen.

Fünf Feldbergrundwege, die einfacher zu meistern sind als der Felsenweg und der Alpine Pfad, sind besonders zu empfehlen:

> **Der Seebuck-Rundweg**, Länge 4,5 km
> Höhendifferenz 175 Meter, Gehzeit 1,5 Stunden

> **Der Gipfel-Rundweg**, Länge 9 km, Höhendifferenz 220 Meter
> Gehzeit von 3 Stunden

> **Der Feldsee-Rundweg**, Länge 6,5 km
> Höhendifferenz 165 Meter, Gehzeit 2 Stunden

> **Der Herzogenhorn-Rundweg**, Länge 7,5 km
> Höhendifferenz 185 Meter, Gehzeit 2 Stunden

> **Der Große Feldberg-Rundweg**, Länge von 15 km, Höhendifferenz 280 Meter, Gehzeit 4,5 Stunden. Das letzte Stück vom Feldsee zum Feldbergerhof ist hier recht steil.

Die Gefahren, die das Klima am Feldberg mit sich bringt, sollte man nicht unterschätzen. Es kommt immer wieder vor, dass Touristen meinen, mit Sandalen und einem Hemd sei man ausreichend gerüstet. Wetterstürze, plötzlich aufziehender Nebel, rutschiger Untergrund – auch ein nur kurzer Ausflug sollte nicht zum Leichtsinn verleiten.

Feldbergbahn

> **Feldbergbahn**, Dr.-Pilet-Spur 17, 79868 Feldberg
> Hauptsaison Juli bis September: täglich 9.00–17.00 Uhr
> Nebensaison Mai, Juni und Oktober: täglich 9.00–16.30 Uhr
> Berg- und Talfahrt: Erw. 7,20 Euro, Kinder/Jugendl. 5,40 Euro
> Kombipreise für Bahn, Aussichtsturm und Haus der Natur

> **Infos: Feldberg Touristik**, Kirchgasse 1, 79868 Feldberg
> Tel. 07655/8019, Fax 80143
> tourist-info@feldberg-schwarzwald.de
> www.feldberg-schwarzwald.de

Naturschutzzentrum Südschwarzwald, Haus der Natur

Das Haus der Natur zeigt eine informative und abwechslungsreiche Ausstellung rund um das Thema „Zusammenspiel von Mensch und Natur im größten Naturschutzgebiet Baden-Württembergs". Vor allem auch für Kinder interessant sind interaktive Elemente über den Naturschutz. Das Haus der Natur bietet ferner ein umfangreiches Veranstaltungsprogramm mit Führungen, Exkursionen, Vorträgen und Seminaren.

> **Haus der Natur**, Dr.-Pilet-Spur 4, 79868 Feldberg
Tel. 07676/933630, Fax 933633
naturschutzzentrum@naz-ssw.bwl.de
www.naturschutzzentrum-bw.de
Dienstag bis Sonntag 10.00–17.00 Uhr (während der Schulferien in Baden-Württemberg auch Montag geöffnet)
Erwachsene 2,00 Euro, Kinder 1,00 Euro

Haus der Natur

Feldsee

Der Feldsee, auch Feldbergsee genannt, ist ein knapp 100.000 Quadratmeter großer und 32 Meter tiefer Karsee, der in der letzten Eiszeit entstanden ist. Er ist fast kreisrund und liegt wie ein großes, dunkles Auge am Grund von bis zu 300 Meter hohen Steilwänden, die ihn an drei Seiten begrenzen. Gebadet werden darf nicht, auch gibt es keine direkte Autozufahrt. Er ist nur über Wander- und Fahrradwege zu erreichen. Der nächstgelegene Autoparkplatz befindet sich in knapp vier Kilometern Entfernung in Feldberg-Bärental (Wanderparkplatz Kunzenmoos). Mit dem Fahrrad lässt sich der Feldsee am besten auf

Feldsee

einer schönen Strecke von Alpersbach aus erreichen. Um den See herum gibt es einen gut gepflegten Spazierweg, der größtenteils direkt am Ufer entlang geht. Stärken kann man sich im nahe gelegenen Raimartihof (Tel. 07676/226).

Kare wurden in der Eiszeit vom Gletschereis aus dem Gestein der Bergregionen gehobelt. Dabei haben sich oft Mulden gebildet. Wenn sich dann das Geröll, das die Gletscher abgetragen haben, als Endmoräne und damit als natürlicher Staudamm vor dieser Mulde abgelagert hat, entstand aus den Rinnsalen vom Berggipfel und aus Regenwasser ein See. Viele Kare werden im Laufe der Jahrhunderte zu Hochmooren und verlanden später. Der Abfluss des Sees ist der Seebach, der in den Titisee fließt. Vom Feldsee aus kann man auf einem recht steilen und steinigen Weg zum Feldberger Hof und zur Talstation der Seilbahn wandern. Man braucht gute Schuhe und etwas Kondition. Bei nassem Wetter ist der Weg wegen Rutschgefahr nicht zu empfehlen.

Abstecher zum Windgfäll-Weiher

Ein Badeerlebnis der ganz besonderen Art bietet der Wildgfäll-Weiher bei Altglashütten. Man erreicht ihn, indem man in Bärental auf die B500 nach Altglashütten abbiegt. Kurz nach dem Ort geht es nach links (ausgeschildert) und nach wenigen Metern sieht man rechter Hand den umwaldeten Weiher. Vom Parkplatz aus erreicht man in weniger als drei Minuten die Badeanstalt mit hölzernen Umkleidekabinen, wie man sie aus den frühen 60er-Jahren noch kennt. Wer dem Trubel überfüllter Freibäder entfliehen möchte, ist hier genau richtig. Ein romantischer Badesee mit wunderbar weichem, ganz leicht moorigen Wasser, viel Platz zum Schwimmen und dazu die frische Bergluft – das ist Sommerfrische, die rundum gut tut.

EINKEHREN

Haus Sommerberg, Feldberg-Altglashütten

Wer nach einem deftigen Vesper in einer der Berghütten rund um den Feldberg Lust hat auf eine sehr feine, leichte Küche auf der Basis bester regionaler Produkte, der ist im Haus Sommerberg bei der Familie Gauwitz genau richtig aufgehoben. Ob Salat mit Wildschweinschinken, Ragout vom Bries und Kalbsnierle, im Ofen gebratene Gamsnüssle mit frischen Pilzen und Kräuterschupfnudeln oder Tannenhonigparfait zum Nachtisch – in dem freundlichen Familienbetrieb kommen Schlemmer und Feinschmecker allemal auf ihre Kosten. Auch die Weinkarte mit 250 Positionen überzeugt.

> **Hotel-Restaurant Haus Sommerberg**, Am Sommerberg 14
79868 Feldberg-Altglashütten, Tel. 07655/1411, Fax 1640
www.sommerberg.com
Mittwoch bis Sonntag 12.00–14.00 Uhr und 18.00–24.00 Uhr
Dienstag 18.00–24 00 Uhr, Montag Ruhetag

Hotel Adler, Feldberg-Bärental

Der Adler ist ein liebevoll renoviertes Schwarzwaldhaus aus dem Jahre 1840. In der urgemütlichen Schwarzwaldstube wird vorwiegend eine regional betonte Küche serviert: Pfifferlingsragout mit Semmelknödeln, rosa gebratene Rehnüsschen oder Rehbratwurst mit Rahm-Kohlrabi-Gemüse. Dass auf der Speisekarte die Liste der einheimischen Lieferanten aufgeführt ist, ist sicherlich eine vertrauensbildende Maßnahme. Wer mag, kann auch die gelegentlichen Ausflüge des Küchenchefs in die mediterrane oder asiatische Küche ausprobieren.

> **Hotel Adler**, Feldbergstr. 4, 79868 Feldberg-Bärental
Tel. 07655/933933, Fax 930521, www.adler-feldberg.de
Mittwoch bis Montag 8.00–23.00 Uhr, Dienstag Ruhetag

Kirche Sankt Jakobus in Todtnau

Todtnau und Bernau

Ausflug ins „Todtnauer Ferienland“

Aus gutem Grund nennt sich die Region zwischen Feldberg und Belchen, den höchsten Bergen des Südschwarzwalds, „Todtnauer Ferienland“. Hier wird dem Urlauber allerhand geboten und die Infrastruktur ist vom Tourismus geprägt. Doch neben Riesenrutschen, Kletterparks und Sesselbahnen kann man immer noch die idyllischen Postkartenbilder finden, für die der Schwarzwald berühmt ist: satte Wiesen, dunkle Tannen, imposante Schwarzwaldhöfe und lauschige Winkel.

Das „Ferienland“ eignet sich bestens für Tagesausflüge, vor allem im Sommer, wenn im Tal die Temperaturen steigen. Aber auch der Herbst hat seine Reize, wenn sich das Laub in den Wäldern bunt färbt. Der Winter sowieso. Und natürlich das Frühjahr, das hier oben immer etwas später dran ist – es gibt also genügend Gründe, mal hinauf zu fahren und ein bisschen Gebirgsluft zu schnuppern.

ANFAHRT

Das Todtnauer Ferienland im Herzen des Naturparks Südschwarzwald erstreckt sich über eine Höhe von 660 bis 1490 Meter. Von Freiburg aus erreicht man die Region in einer guten halben Stunde über die B31 Richtung Osten. Kurz nach Freiburg die Ausfahrt St. Peter/Oberried/Todtnau nehmen und rechts auf die L126 abbiegen. Über Oberried und den Notschrei führt die Straße nach Todtnau.

Die Weiterfahrt nach Bernau erfolgt auf der B317 nach Geschwend und von dort weiter auf der L149 über Präg.

TODTNAU

Todtnau wurde im Jahr 1025 erstmals urkundlich erwähnt. Das Stadtrecht wurde 1809 verliehen. 1876 verwüstete ein Großbrand den Ortskern mit der damals im Tal stehenden Kirche und das sogenannte Oberdorf. Das heutige Ortsbild ist ein Ergebnis des darauf folgenden Wiederaufbaus. Im Lauf der darauffolgenden Jahre entwickelten sich sich Todtnau und die Umgebung zu einem beliebten Ferienziel im Südschwarzwald. Zu Todtnau gehören die eingemeindeten Orte Aftersteg, Geschwend, Muggenbrunn, Präg, Schlechtnau und Todtnauberg sowie 25 weitere Dörfer, Weiler und einzelne Gehöfte.

Das südöstlich von Todtnau gelegene Hasenhorn ist ein Eldorado für alle Fans der rasanten Abfahrten, und das bezieht sich keinesfalls nur auf Skifahrer und Snowboarder. Am Hang befinden sich neben einer Mountainbike-Downhill-Strecke und der mit 3.500 Metern längsten Schlitten-Rodelbahn Deutschlands

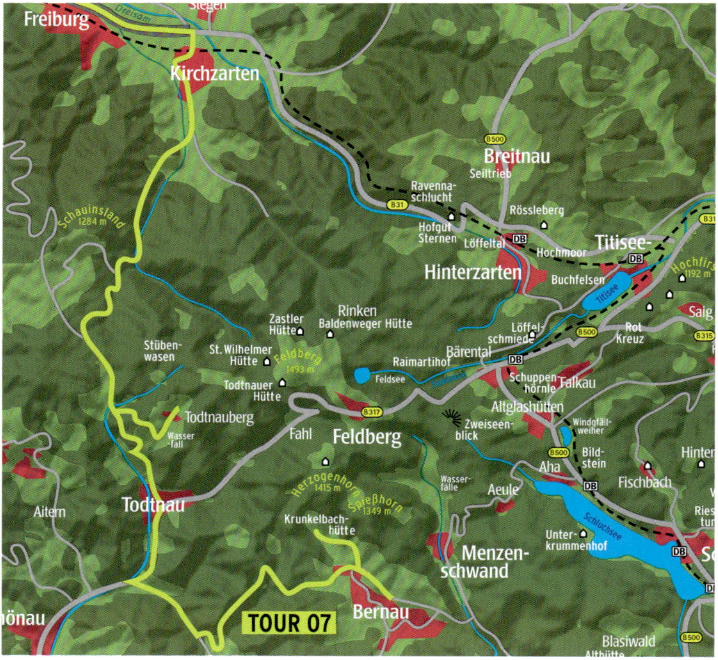

die 2800 Meter lange Coaster-Allwetter-Rodelbahn, die sowohl im Winter als auch im Sommer in Betrieb ist. Die Bahn überwindet einen Höhenunterschied von 385 Metern.

Coaster Rodelbahn am Hasenhorn

Die mit 2,8 Kilometern spektakulärste Ganzjahres-Rodelbahn Deutschlands erwartet die Unerschrockenen mit steilen Kurven, drei Kreiseln und zahlreichen Wellen. Der Aufstieg wird bequem mittels einer Doppelsesselbahn bewältigt. Der Betrieb ist vom Wetter unabhängig. Kinder ab 8 Jahren und einer Größe von 1,40 Meter können auch alleine fahren.

> Aktuelle Öffnungszeiten der Seilbahn und der Coaster Rodelbahn unter www.hasenhorn-rodelbahn.de oder Tel. 07671/96980

Mountainbike Fun Park

Für Downhill-Fahrer gibt es in Todtnau Deutschlands ersten Mountainbike-Fun-Park. Auch hier gilt: mit dem Sessellift hoch, mit Fun hinunter ins Tal. Angeblich hat der Fun-Park in Todtnau für deutsche Mountainbiker eine ähnliche Bedeutung wie die Pipeline in Hawaii für Wellenreiter ...

> Ende März bis Anfang Oktober täglich 9.30–17.30 Uhr
> Infos unter Tel. 0171/3183763, www.mtb-fun-park.de

Glasbläserhof

Weniger rasant, aber nicht minder interessant ist es, in einer Glasbläserei die Entstehung von Gläsern, Glaskugeln und Vasen zu erleben. In der Glasbläserhütte in Todtnau-Aftersteg kann man dem Jahrtausende alten Handwerk nachspüren und den Glasbläsern bei der Arbeit zusehen.

Die Kunstwerke aus Glas und Kristall kann man im angeschlossenen Geschäft kaufen. Ebenso gibt es ein Museum, das die rund 2000 jährige Geschichte dieses Handwerks zeigt. Bei der Glasbläserhütte befindet sich ein Restaurant mit einer große Gartenterrasse.

> **Glasbläserhof**, Talstraße 6, 79764 Todtnau-Aftersteg
Tel. 07671/8050, www.glasblaeserhof.de
täglich 9.30–18.00 Uhr
Vorführungen: Dienstag bis Samstag stündlich 11.00– 16.00 Uhr, Sonntag und Montag 11.00 und 14.00 Uhr und nach Vereinbarung.

Todtnauer Klettergarten

Der (kinderfreundliche) Todtnauer Klettergarten gehört mit seinem Klettersteig zu den schönsten Klettergebieten im Schwarzwald. Die Kletterfelsen sind zwischen 15 und 35 Meter hoch und bieten viele Wege nach oben.

Der Klettergarten und der Klettersteig sind gut zu erreichen. In Todtnau sieht man schon wenige Meter nach dem Ortseingang die Felsen links oben im Wald liegen. Gute Parkmöglichkeiten bieten sich gegenüber dem Freibad in Todtnau, links der B 317 am Ortsausgang Richtung Feldberg. Über das gesamte Todtnauer Klettergebiet informiert ein 28-seitiger ausführlicher Kletterführer.

> **Kletterfreunde Todtnau** e.V., Herbert Steiger, Kresselstr. 13, 79674 Todtnau, Tel. 07671/1634, www.kletterfreunde-todtnau.de

TODTNAUBERG

Der bekannteste „Teilort" Todtnaus ist wohl Todtnauberg. Zum einen durch den imposanten Wasserfall, der mit 97 Meter Höhe der höchste Naturwasserfall Deutschlands ist. Zum anderen durch Martin Heidegger, einem der bedeutendsten, aber auch umstrittensten Philosophen des 20. Jahrhunderts. Er wurde 1889 in Meßkirch (Baden) geboren und studierte Theologie und Philosophie an der Freiburger Universität, wo er 1915 habilitierte und 1928 den Lehrstuhl Edmund Husserls übernahm. Sein wichtigstes Werk ist das 1927 erschienene „Sein und Zeit". Viele seiner Werke sind in seiner Todtnauberger Hütte entstanden, die sich seit 1922 im Besitz der Familie befand.

Seit 2002 erinnert ein rund sechs Kilometer langer Rundweg in Todtnauberg an den 1976 verstorbenen Philosophen. Auf fünf bebilderten Tafeln finden sich Informationen über die Lebenswege Heideggers sowie berühmter Zeitgenossen, die hier zu Gast waren, unter anderem des Spiegel-Gründers Rudolf Augstein und des Physikers Werner Heisenberg.

Ebenfalls seit 2002 wird in Todtnauberg ein „Philosophischer Herbst" veranstaltet, dessen Thematik vom Werk des Philosophen inspiriert ist. Und seit 2005 finden unter dem Motto „Lesen auf dem Berg" alljährlich im November/Dezember die Literaturtage Todtnauberg statt.

ANFAHRT

Von Freiburg über die L126 Richtung Todtnau. Kurz hinter Muggenbrunn links abbiegen nach Todtnauberg. Zum **Wasserfall** weist nach wenigen Metern rechterhand ein Schild. Die Abstieg ist alpin. Wer's gemütlicher mag, parkt in der Nähe des Kiosks in Aftersteg wenige Kilometer weiter Richtung Todtnau und nimmt von hier aus den bequemeren Weg.

In der Nähe des Wasserfalls, 300 Meter östlich der oberen Fallstufe, bewahrt ein geheimnisvoller Stein sein Jahrtausende altes Geheimnis. Die Schriftzeichen, die in den „Schatzstein" genannten Monolith eingraviert wurden, konnten bis heute nicht enträtselt werden.

Liegestühle am Todtnauberger Wasserfall

Um zum Heidegger-Rundweg zu kommen, passiert man den Ort Todtnauberg und fährt bis zur Jugendherberge am Radschert. Hier beginnt der Rundweg.

> Weitere Informationen zum Todtnauer Ferienland bei
Tourist-Information Todtnauberg, 79674 Todtnauberg
Tel. 07671/96969-0, Fax 07671/9220
todtnauberg@todtnauer-ferienland.de
www.todtnauer-ferienland.de
Hauptsaison: Montag bis Freitag 9.00–17.30 Uhr
Samstag 9.00–12.00 Uhr
Nebensaison: Montag bis Freitag 9.00–12.00 Uhr, 13.30–17.30 Uhr

BERNAU

Neben Todtnau ist auch das auf 900 bis 1415 Meter Höhe liegende benachbarte Bernau eine Reise in den Hochschwarzwald wert. Das schönste Hochtal im Naturpark Südschwarzwald bietet beste Aussichten und mehr als 100 km Wanderwege. Das 1.415 m hohe Bernauer Herzogenhorn ist in jeder Hinsicht herausragend als Wanderziel und als Aussichtsberg mit herrlichem Panoramablick und Alpensicht.

Wandern

Für Wanderfans ist der **Panoramaweg** ein Muss. Von ihm kann man das gesamte Bernauer Hochtal überblicken – die Aussicht reicht über die bewaldeten Höhen des Südschwarzwaldes und bei guter Sicht bis zu den Schweizer Alpen vom Säntis bis zu den Viertausendern des Berner Oberlandes.

> **Panoramaweg:** Wanderparkplatz „Ankenbühl" im Ortsteil Kaiserhaus oder Wanderparkplatz „Hof" im Ortsteil Hof
Einfache Wegstrecke 8 km

Ein weiterer attraktiver Wanderweg ist der **Albweg**. Er verläuft im Hochtal und führt vom Ortsteil Weierle in nordwestlicher Richtung immer der „Bernauer Alb" entlang, abwechselnd über schöne Wiesen und durch kleine Wäldchen bis zum Ortsteil Hof. Der Weg kann auch in Teilstrecken von jedem der Bernauer Ortsteile aus begangen werden. Einfache Wegstrecke 7 km.

Übrigens: Die Haupt-Wanderwege sind im Winter größtenteils gewalzt. Und wer es einsamer mag: eine Schneeschuh-Wanderung ermöglicht Naturerlebnisse auch abseits der Wege.

> Weitere Wandervorschläge unter www.bernau-schwarzwald.de

Hans-Thoma-Kunstmuseum

„Da vergesse ich alle Sorgen und der Friede der Natur umschließt auch meine Seele". So schrieb Hans Thoma, der 1839 in Bernau im Schwarzwald geborene große deutsche Maler, über sein Heimatdorf. Das nach ihm benannte Hans-Thoma-Kunstmuseum beherbergt Werke des Schwarzwälder Künstlers, der wie kaum ein anderer von der heimatlichen Landschaft geprägt war. Sein Motiv war die Lebenswelt der Bauern.

Damit stand er im krassen Gegensatz zur herrschenden Kunstauffassung des 19. Jahrhunderts, bis ihm mit einer Ausstellung in München 1890 der Durchbruch gelang. Als anerkannter Künstler wurde er 1899 als Direktor der Großherzoglichen Kunstakademie nach Karlsruhe berufen.

Mit Ölgemälden, Grafiken, kunstgewerblichen Arbeiten und Lebensdokumenten gibt das 1949 gegründete Hans-Thoma-Museum einen Einblick in das umfangreiche und vielseitige Werk Hans Thomas.

> **Hans-Thoma-Museum**, Rathausstraße 18, 79872 Bernau im Schwarzwald, Tel. 07675/160040, Fax 07675/160090
> info@hans-thoma-museum.de, www.hans-thoma-museum.de
> Dienstag bis Freitag 10.00–12.00 Uhr und 14.00–17.00 Uhr
> Samstag/Sonntag und Feiertage 10.30–12.00 Uhr und 14.00–17.00 Uhr, Montag Ruhetag
> 15. Nov. bis 10. Dez. geschlossen
> Erwachsene 3,50 Euro, Kinder 1,50 Euro

Heimatmuseum Resenhof

Heimatmuseum Resenhof

Der Resenhof, ein Hochschwarzwälder Eindachhof mit Wohn- und Wirtschaftsteil unter einem Dach, wurde 1789 erbaut. Heute befindet sich in dem baulich unveränderten Hof das Bernauer Heimatmuseum, in dem Einblicke in die Lebens- und Arbeitswelt im Bernauer Hochtal anschaulich dokumentiert werden, wie sie noch zu Beginn des letzten Jahrhunderts bestand.

> **Heimatmuseum Resenhof**, Tel. 07675/1600-40
15. Dez. bis 6. Jan.: täglich 14.00–17.00 Uhr
7. Jan. bis Pfingsten Mittwoch und Sonntag 14.00–17.00 Uhr
Pfingstsonntag bis 1. Nov.: Mittwoch bis Sonntag 14.00–17.00 Uhr
Feiertage geöffnet, Montag und Dienstag geschlossen
2. Nov. bis 24. Dez. geschlossen

> Weitere Informationen bei **Tourist-Information Bernau**
79872 Bernau im Schwarzwald,
Tel. 07675/160030, Fax 07675/16 00 90
tourist-information@bernau-schwarzwald.de
www.bernau-schwarzwald.de

EINKEHREN

Berggasthof Stübenwasen

Der Berggasthof Stübenwasen liegt auf 1.270 Meter Höhe in „Alleinlage“ und bietet bodenständige badische Küche. Er ist von der Jugendherberge Todtnauberg in einer guten halben Stunde zu Fuß zu erreichen.

> **Berggasthof Stübenwasen**, Stübenwasen 1
79674 Todtnau-Todtnauberg, Tel. 07671/334
Montag bis Sonntag 10.00–20.00 Uhr, Donnerstag Ruhetag

Berggasthaus Krunkelbach

Die Krunkelbachhütte liegt auf 1.294 Meter Höhe. Sie ist das ganze Jahr über zu Fuß erreichbar, zum Beispiel von der Bushaltestelle Bernau-Hof aus in rund 45 Minuten. Spezialität des Familienbetriebs sind vor allem die hausgemachten Kuchen und das selbstgebackene Brot.

> **Krunkelbachhütte**, 79872 Bernau im Schwarzwald,
Tel. 07675/338, www.krunkelbach.de, täglich 9.00–19.00 Uhr

Schluchsee im Frühnebel

Sankt Blasien, Schluchsee und Rothaus

St. Blasien mit seinem imposanten frühklassizistischen Dom liegt im Albtal, nur wenige Kilometer in Richtung Süden vom Schluchsee entfernt. Eine Tagestour dorthin bietet jede Menge überraschender Ein- und Ausblicke und ist besonders im Hochsommer die beste Möglichkeit, der Hitze im Oberrheintal zu entfliehen.

Auch die Umgebung von St. Blasien eignet sich für einige interessante Abstecher. So lockt zum Beispiel der größte Schwarzwald-See, der Schluchsee, an heißen Tagen zum Baden oder Bootfahren, die Rothaus-Brauerei zur Besichtigung oder eine der ältesten Mühlen Deutschlands zur Erkundung.

ANFAHRT

Von Freiburg aus über die B31 Richtung Osten. Nach der Ausfahrt St. Peter/Kirchzarten rechts in die L126 abbiegen. Der Straße rund 20 Kilometer bis Todtnau folgen, weiter auf der B317 bis Geschwend dann auf die L149 nach St. Blasien.

Der Dom in St. Blasien

SANKT BLASIEN

Mitten in dem heilklimatischen Kurort, wo in anderen Schwarzwaldstädtchen schnuckelige Kirchen und romantische Fachwerkhäuser stehen, breitet sich in St. Blasien eine mächtige Klosteranlage aus. Der dazu gehörige Dom, ein Meisterwerk des Frühklassizismus, trägt eine Kuppel, die mit einem Durchmesser von 36 Metern immer noch zu den größten Kirchenkuppeln Europas gehört. Vorbild für den 1783 errichteten Dom war unter anderem der Petersdom in Rom. Die Kirche wird heute von der römisch-katholischen Pfarrgemeinde St. Blasius genutzt.

St. Blasien ist auch ein vielbesuchter Kurort. Bereits 1882 eröffnete der Lungenarzt Dr. Haufe in St. Blasien ein Sanatorium, das sich vorwiegend der Behandlung Tuberkulosekranker widmete. Heute ist St. Blasien ein Ganzjahreskurort mit zahlreichen Kurkliniken und den Prädikaten „Heilklimatischer Kurort" und „Kneipp-Kurort" und bietet zahlreiche Kneipp- und Badeanlagen.

> Informationen zur Stadt und den kulturellen Angeboten:
Tourist-Information, Am Kurgarten 1–3, 79837 St. Blasien
Tel. 07672/41430, Fax 07672/41438
tourismus@stblasien.de, www.st-blasien.de

Domkuppel St. Blasien

Kloster Sankt Blasien

Im Jahre 858 wurde erstmals ein Benediktinerkloster im heutigen St. Blasien erwähnt. Im späten Mittelalter gehörte es zu den wichtigsten Ordenshäusern des Schwarzwalds. Zwar „entging" das Kloster der Reformation und blieb katholisch. Doch die Säkularisierung brachte 1806 auch für St. Blasien das Aus. Auf Umwegen übersiedelten die letzten Mönche schließlich nach Kärnten und in die leerstehende Klosteranlage zog eine der ersten Maschinenfabriken Deutschlands, um in den ehemaligen Mönchszellen Spinnereimaschinen herzustellen. 1874 zerstörte ein Brand die Anlage samt Maschinenfabrik, nur die Abtei aus dem 18. Jahrhundert überlebte das Feuer. Ab 1910 wurde die Anlage dann nach alten Plänen restauriert. Anfang der dreißiger Jahre übernahmen die Jesuiten das Kloster. 1934 verlegten sie auf Geheiß der nationalsozialistischen Regierung die deutsche Abteilung des renommierten Kollegs Stella Matutina in Feldkirch (Vorarlberg) hierher in den Südschwarzwald. Die Schule wurde

1938 geschlossen und 1946 wieder eröffnet. Seit 1989 dürfen auch Mädchen das ehemals ausschließlich Jungen vorbehaltene Internat besuchen.

Einblicke in die Klosteranlage sind möglich, allerdings nur während der Klosterführungen, die man am besten über die Tourist-Information erfragen kann.

Klosterkonzerte und Domkonzerte

Im restaurierten Konzertsaal des Klosters finden unter der künstlerischen Leitung von Michael Neymeyer hochrangig besetzte Kammerkonzerte mit bedeutenden Künstlern aus ganz Europa statt.

> **Klosterkonzerte St. Blasien**
> Januar bis Juni und von September bis November
> Programminfo Tel. 07672/270, www.kloster-konzerte.de

Ein weiteres Highlight für die Liebhaber der klassischen Musik sind die internationalen **Sommerkonzerte im Dom**, die Ende Juni bis Anfang September veranstaltet werden – mit berühmten und bekannten Chören, Musikensembles und Organisten.

> **Informationen zu Programm und Domführungen**
> Tel. 07672/678, www.dom-st-blasien.de

Museum Sankt Blasien

In den ehemaligen Klosterstallungen ist neben der Tourist-Information auch das Museum St. Blasien untergebracht. Hier wird die über tausendjährige Geschichte des Benediktinerstaates, die Klosterentstehung und der Dombau, die Zeit der Säkularisation und der Aufschwung St. Blasiens zum mondänen Kurort des frühen 20. Jahrhunderts erfahrbar. Darüber hinaus sind Werke der aus der Gegend stammenden Maler Hans Thoma, Franz Xaver Winterhalter und Hermann Fidel Winterhalter zu sehen.

> **Museum St. Blasien**, Im Haus des Gastes, Am Kurgarten 1-3
> Dienstag bis Sonntag 14.30–17.00 Uhr
> Erwachsene 1,60 Euro, Kinder 0,50 Euro

Riesenbühlturm

WANDERN

Klosterweg

Schon kurz nach der Gründung des Klosters entwickelte sich ein reger Fußgängerverkehr zwischen St. Blasien und dem Gebiet am Hochrhein. Die alte Trasse ist heute als „Klosterweg" bekannt, ein rund 20 Kilometer langer Wanderweg. Er führt von St. Blasien nach Waldshut und ist auch in Teilstrecken begehbar.

> **St. Blasien – Höchenschwand**, 5,0 Kilometer
> **Höchenschwand – Tiefenhäusern**, 5,5 Kilometer
> **Tiefenhäusern – Bannholz/Gupfen**, 4,0 Kilometer
> **Bannholz/Gupfen – Waldshut**, 7,0 Kilometer
> **Bannholz/Gupfen – Gurtweil**, 8,0 Kilometer

Bushaltestellen an der Strecke: Häusern/Albtalblick, Höchenschwand, Tiefenhäusern, Bannholz, Waldshut

Einkehrmöglichkeiten: Häusern, Höchenschwand, Tiefenhäusern, Bannholz, Waldshut und natürlich an den Ausgangs-/End-Punkten St. Blasien und Waldshut

MENZENSCHWAND

Nur wenige Kilometer von St. Blasien entfernt lockt die Gemeinde Menzenschwand am Fuß des Feldbergs mit Wellness pur. Neben einem besonders reizvollen Ortsbild ist das neue Radon Revital Bad mit moderner Architektur und zahlreichen Wellness-Angeboten einen Besuch wert. Innen- und Außenbecken, ein Saunagarten und unterschiedliche Massagen trösten auch mal über einen Regentag hinweg.

> **Radon Revital Bad**, täglich 10.00–21.00 Uhr

Menzenschwander Tal

SCHLUCHSEE

Etwa 10 Kilometer nördlich von St. Blasien bietet der Schluchsee alle erdenklichen Angebote für Naturliebhaber und Wassersportler. Der See ist 7,3 mal 1,4 Kilometer groß. Die 63,5 m hohe Staumauer wurde zwischen 1929 und 1932 errichtet. Ein Netz von Wanderwegen rund um den Stausee bietet abwechslungsreiche Touren, Bootsverleihe – auch mit Segelbooten – und Strandbäder laden zum entspannten Nachmittag im und am See.

Wandervorschläge rund um den Schluchsee

> **Zum Riesenbühlturm**, ca. 3 km: Schluchsee-Ortsmitte (950 m) – Aussichtspavillon Scheibenfelsen – Hotel Vier Jahreszeiten – Sportplatz – Kreuzwaldweg – Vogelhaus – Riesenbühl-Rundweg – Riesenbühl (1.097 m)

> **Zum Bildstein**, ca. 6 km: Schluchsee-Fischbach – beim Schulhaus links – Kohlplatz – Bildstein (1.138 m, Rundblick auf Schluchsee und Feldberggebiet). – Rückweg über Aha nach Schluchsee (ca. 8 km) oder Rückfahrt mit der Bahn

> **Rund um den Schluchsee**, ca. 18 km: Schluchsee – Kohlgrube – Seebrugg – Staumauer – Jägergutweg – Einlaufwerk – Unterkrummenweg – Seeweg – Unterkrummenhof – Seeweg – Aha – Seeuferweg – Schluchsee

Westlich der Staumauer liegen im Wald beim Weiler Eisenbreche rätselhafte „keltische" Steinkreise, die Forscher nicht so recht zuordnen können. Nach bisher vorherrschender Meinung haben die Kelten nämlich im Schwarzwald gar nicht gesiedelt. Aber wer weiß ...

Aussichtpunkt am Schluchsee

Schluchsee-Kraftwerk

Das Pumpspeicherkraftwerk Häusern ist das älteste der fünf Kraftwerke der Schluchseewerk AG. Im Jahresmittel erzeugt das Kraftwerk Häusern rund 120 Millionen Kilowattstunden Strom. Wer einen Blick hinter die Kulissen der Kraftwerksanlage werfen möchte, kann dies bei den öffentlichen Führungen tun.

> **Führungen Schluchsee-Kraftwerk**, nur einmal wöchentlich Donnerstag 14.00 Uhr. Die Führungen sind kostenlos, Dauer ca. 1,5 Stunden, Start an der Pforte am Kraftwerk Häusern Tel. 07763/ 9278-80131, besichtigungen@schluchseewerk.de

ROTHAUS

Eine Viertelstunde von St. Blasien entfernt liegt die Rothaus-Brauerei, die Heimat der bekannten „Biergit“, eines stilisierten Schwarzwaldmädels, das bereits seit den siebziger Jahren die Etiketten der Rothaus-Biere ziert und heute fast schon Kultstatus hat. Die Rothaus-Brauerei in Rothaus-Grafenhausen ist eng mit der Geschichte St. Blasiens verbunden, waren es doch die Benediktiner des Klosters St. Blasien, die im Jahr 1791 die Rothaus-Brauerei gründeten. Im Rahmen der Säkularisation gelangte sie 1806 in den Besitz des Großherzogtums Baden und führte seitdem den Namen „Großherzoglich Badische Staatsbrauerei Rothaus“. Seit Abschaffung der Monarchie 1918 lautet der Name „Badische Staatsbrauerei Rothaus“. Heute sind 100 % der Aktien im Besitz des Landes Baden-Württemberg.

> **Badische Staatsbrauerei Rothaus AG**
Rothaus 1, 79865 Grafenhausen-Rothaus
Tel. 07748/522-0, Fax 07748/522-79, www.rothaus.de

Brauereibesichtigungen
Montag bis Freitag 10.00 Uhr und 15.00 Uhr,
Mittwoch zusätzlich 18.00 Uhr
Führungen ab 15 Personen möglich. Einzelpersonen können sich einer Gruppe anschließen.
Terminvereinbarung unter Tel. 07748/522-9600.
Wer an keiner Führung teilnehmen kann, tröstet sich mit einem traditionellen Braueressen im Brauereigasthof.

Im Sudhaus der Rothaus-Brauerei

Heimatmuseum Hüsli, Grafenhausen-Rothaus

Wer sich an die ZDF-Serie „Die Schwarzwaldklinik" erinnert, kennt auch das „Wohnhaus" von Dr. Brinkmann. In Wahrheit ist dieses Wohnhaus ein Museum, in dem man die bäuerliche Kultur des Hochschwarzwaldes eindrucksvoll nachvollziehen kann. Die Stuben mit bemalten Decken und Wandschränken, die alten Kachelöfen und Uhren, die Hinterglasmalereien und die Schnitzereien machen das Haus zu einem Spiegelbild des damaligen Lebens. Das Haus wurde 1912 als Sommerwohnsitz der in Lörrach gebürtigen Sängerin Helene Siegfried erbaut. Seit 1966 ist es Museum.

> **Heimatmuseum Hüsli**, 79865 Grafenhausen-Rothaus
Tel. 07748/212, Fax 929724, www.hochschwarzwaldhaus.biz
Dienstag bis Samstag 10.00–12.00 Uhr und 13.30–17.00 Uhr
Sonntag 13.30–17.00 Uhr
Juli und August: Dienstag bis Samstag 9.30–12.00 Uhr und 13.30–17.30 Uhr, Sonntag 13.30–17.30 Uhr. Montag geschlossen
Erwachsene 1,60 Euro, Kinder 0,50 Euro

ABSTECHER

Museumsmühle im Weiler

Eine knappe Stunde von St. Blasien in östlicher Richtung steht in Weiler bei Stühlingen-Blumegg eine der ältesten, in großen Teilen noch vollständig erhaltenen Gipsmühlen Deutschlands. In ihr wurden Körner gemahlen sowie Getreide, Früchte, Ölfrüchte und Knochen gestampft. Außerdem wurde Gipsstein gestampft und zu Düngegips zermahlen. Die Mühle ist eine einzigartige Rarität mit drei Mühlrädern, fünf Mahl- und Stampfwerken und einer einzigartigen Antriebstechnik, die während der angebotenen Führungen besichtigt werden können.

> **Museumsmühle im Weiler**, 79780 Stühlingen-Blumegg
Tel. 07709/254 Herr Scherble, Fax 07709/1292
kultur@landkreis-waldshut.de
In der Regel ist die Museumsmühle von Mai bis Oktober jeweils am 2. und 4. Wochenende 14.00–16.00 Uhr geöffnet
Infos auch unter www.landkreis-waldshut.de
Erwachsene 3,00 Euro, Kinder 1,50 Euro

EINKEHREN

Unterkrummenhof, Schluchsee

Empfehlenswert ist der Unterkrummenhof auf der Waldseite des Schluchsees. Er liegt an einer Bucht auf einer hügeligen Wiese und ist von beiden Enden des Sees aus auf Wanderwegen, auf denen auch Fahrräder erlaubt sind, erreichbar. Stärken kann man sich mit typischen Schwarzwälder Speisen.

> **Vesperstube Unterkrummenhof,** Unterkrummen 3
> 79859 Schluchsee, Tel. 07656/1500
> Dienstag bis Sonntag 10.00–18.00 Uhr, Montag Ruhetag

Brauereigasthof Rothaus

In den mit viel Holz gemütlich gestalteten Räumen des Gasthauses der Rothausbrauerei gibt es herzhafte badische Gerichte. Ob Kürbissuppe, Rehmedaillons mit Spätzle oder auch nur ein Speckvesper – die Zutaten sind alle tadellos und die Zubereitung ist durchweg sorgfältig. Dass hier die Weinkarte eher kurz geraten ist, das Bier dafür umso besser gezapft an den Tisch kommt, versteht sich von selbst.

> **Brauereigasthof Rothaus**
> Rothaus 2, 79865 Grafenhausen-Rothaus
> Tel. 07748/5229600, Fax 5229699
> www.brauereigasthof-rothaus.de
> täglich 10.00–24.00 Uhr

Schwarzwaldgasthof Tannenmühle
Grafenhausen

Der idyllisch im Tal der Schlücht gelegene Gasthof bietet neben Streichelzoo und Abenteuerspielplatz auch eine sehr gute Küche, wobei vor allem die Forellengerichte zu erwähnen sind. Die Fische sind immer top frisch, kommen sie doch direkt aus den eigenen Weihern. Es gibt sie in zahlreichen Varianten – nicht nur blau oder gebraten, wie das sonst üblich ist.

> **Schwarzwaldgasthof Tannenmühle**, Tannenmühleweg 5
> 79865 Grafenhausen, Tel. 07748/215, www.tannenmuehle.de
> Mai bis Oktober täglich 11.15–20.30 Uhr
> im Winterhalbjahr Dienstag Ruhetag

Blick vom Belchen

Münstertal und Belchen

Das Münstertal gehört zu den schönsten Tälern des Schwarzwaldes, der Belchen zu einem seiner imposantesten Berge. Auf einer Tagestour lässt sich beides bequem miteinander verbinden.

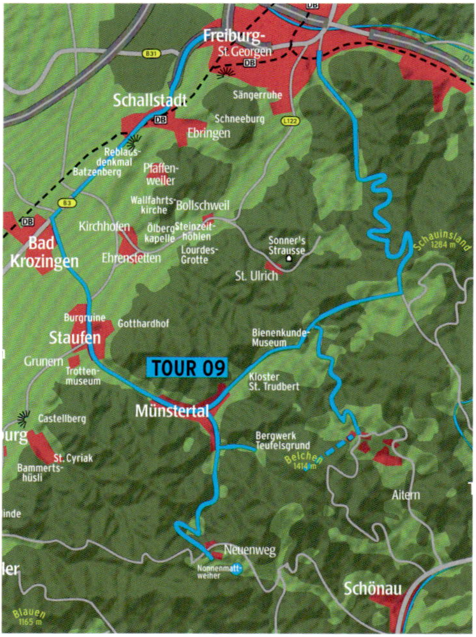

ANREISE

Die schnellste Anreise führt von Freiburg aus in Richtung Süden nach Staufen und von dort direkt hinein ins Münstertal. Etwas weiter, aber landschaftlich besonders reizvoll, ist die Anfahrt über die Schauinslandstrecke. Noch vor Erreichen des Schauinslandgipfels beschreibt die Straße kurz hinter der Holzschlägermatte eine scharfe Linkskurve. Direkt in dieser Kurve geht es rechts ab in Richtung Gießhübel. Von dort führt die Straße hinab ins Münstertal, eine enge, kurvige, aber ausgesprochen abwechslungsreiche Fahrt hinunter ins Tal.

UNTERMÜNSTERTAL SCHWARZWALDHAUS1902 BESUCHSBERGWERK TEUFELSGRUND

Von Staufen aus biegt eine Straße nach rund 5 Kilometern rechts ab in Richtung Untermünstertal.

Schwarzwaldhaus 1902, Untermünstertal

Schwarzwaldhaus 1902" ist der Titel eines im Jahr 2002 vom Südwestrundfunk ausgestrahlten vierteiligen Dokumentarfilmes über das Leben einer Bauernfamilie im Jahre 1902. In dem preisgekrönten Werk wurde nicht die Vergangenheit nacherzählt, vielmehr lebte eine Familie das damalige Leben wochenlang authentisch nach. Dazu wurde die fünfköpfige Berliner Familie Boro aus über 700 Bewerbungen ausgesucht. Gedreht wurde auf dem Kaltwasserhof im Untermünstertal, der heute besichtigt werden kann. Die Besitzer dieses Hofes zeigen dabei unter anderem, wie früher Brot gebacken wurde und wie man damals ohne Strom und fließendes Wasser ausgekommen ist – eine Zeitreise hinaus aus der Welt der Annehmlichkeiten und des Luxus. Die Führungen dauern rund eine Stunde.

> **Kaltwasserhof**, Untermünstertal-Kaltwasser
Familie Peter und Marta Bert
Tel. 07636/788941 oder 77626, Fax 788943
Peter.R.Bert@gmx.de, www.schwarzwaldhaus-muenstertal.de
Besichtigungen Samstag und Sonntag 14.00–17.00 Uhr
Geschlossen November bis Ostern. Für Gruppen ab 8 Personen auch Führungen außerhalb dieser Zeiten möglich
Erwachsene 4,00 Euro, Kinder 3–6 Jahre 1,50 Euro
Kinder 7–11 Jahre 2,50 Euro

Besuchsbergwerk Teufelsgrund

Im Teufelsgrund wurde wahrscheinlich schon vor über eintausend Jahren Bergbau betrieben. In einem Stollen fand man ein Stück Holzkohle, dessen Alter auf das Jahr 950 bestimmt werden konnte. Bis ins Jahr 1958 wurde hier noch Flussspat abgebaut. 1970 wurde dann das Besuchsbergwerk eröffnet, eines der ältesten Schaubergwerke des Schwarzwaldes. Durch den Abbau von Erzen auf mehreren Sohlen haben sich große Abbauhohlräume gebildet, die sehr anschaulich die damaligen Abbaumethoden verdeutlichen. Die Stollen, die besichtigt werden können, sind insgesamt knapp zwei Kilometer lang. Ein Nebenstollen ist übrigens reserviert für Asthmatiker. Die besondere Luftreinheit in diesem Therapie-Stollen verschafft den Erkrankten erhebliche Erleichterung. Eine Liegekur kostet pro Tag 8 Euro.

> Infos bei der **Kurverwaltung**, Wasen 47, 79244 Münstertal
> Tel. 07636/70730

> **Besuchsbergwerk Teufelsgrund**, Mulden 75
> 79244 Münstertal, www.besuchsbergwerk-teufelsgrund.de
> 1. April bis 31. Oktober: Dienstag, Donnerstag und Samstag
> 10.00–16.00 Uhr
> Juli und August zusätzlich Mittwoch und Freitag 13.00–16.00 Uhr
> Sonn- und Feiertage 13.00–16.00 Uhr. Gruppenführungen auf
> Anfrage auch außerhalb dieser Zeiten möglich
> Erwachsene 5,00 Euro, Kinder bis 16 Jahre 2,00 Euro

Kloster Sankt Trudpert

Kloster Sankt Trudpert

Wieder zurück ins Münstertal führt die Fahrt dann nach rechts weiter in Richtung Obermünstertal. Nach rund zwei Kilometern zeigt sich rechter Hand die beeindruckende Klosteranlage St. Trudpert mit dem markanten Zwiebelturm der Pfarrkirche. Sie geht zurück auf den Heiligen Trudpert, einen im Südschwarzwald missionierenden irischen

Mönch, der hier in der ersten Hälfte des 7. Jahrhunderts eine Einsiedelei errichtete. In der barocken Klosteranlage befindet sich heute das Generalmutterhaus der „Schwestern vom Heiligen Joseph". In der Kirche sind vor allem die Deckengemälde, der Hochaltar und die Barockkanzel sehenswert. Wertvollster Klosterschatz ist ein vergoldetes romanisches Kreuz, das nur am Trudpertfest am letzten Sonntag im April bei einer feierlichen Prozession gezeigt wird. Die Kirche ist täglich geöffnet.

> **Führungen**, Tel. 07636/78020, www.kloster-st-trudpert.de
> Erwachsene 2,50 Euro, Kinder 1,50 Euro

Bienenkundemuseum

Die Fahrt geht weiter bergan. Nach rund drei Kilometern zeigt eine Hinweistafel nach links zum Bienenkundemuseum. Es ist eines der größten Museen dieser Art weltweit, das sich mit der faszinierenden Welt der Bienen befasst. Lebende Bienen und Hunderte von Exponaten können besichtigt werden. Im ehemaligen Rathaus wird in 12 Räumen und auf über 800 Quadratmetern Ausstellungsfläche die Beziehung des Menschen zu diesem Nutztier von der Steinzeit bis zur Gegenwart gezeigt, vom einstigen Honigjäger bis zum modernen Imker. Und natürlich wird die Bedeutung der Biene zur Erhaltung von Natur und Umwelt verdeutlicht.

> **Bienenkundemuseum**, Münstertal-Spielweg
> Tel. 07636/791105, www.bienenkundemuseum.de
> Mittwoch, Samstag, Sonntag und Feiertage 14.00–17.00 Uhr
> Erwachsene 2,50 Euro, Kinder und Schüler 1,50 Euro

Rundwanderung zum Stampfbachwasserfall

Beim Bienenkundemuseum kann man eine wunderbar abwechslungsreiche und noch wenig bekannte, rund dreistündige Rundwanderung zu den Stampfbachwasserfällen starten. Der Weg führt talaufwärts am Hotel „Spielweg" vorbei und nach einem Fußgängertunnel immer dem Stampfbach entlang. Ab dem Wasserhaus geht der Weg dann recht steil aber wildromantisch direkt am Wasserfall bergan. Gutes Schuhwerk ist unbedingt erforderlich.

> www.muenstertal-staufen.de

BELCHEN

Kurz nach dem Bienenmuseum biegt die Straße rechts ab in Richtung Wieden und dann weiter über die Passhöhe Wiedener Eck zur Talstation der Belchen-Seilbahn in Aitern-Multen. Die Strecke ist ausgeschildert.

Der Belchen ist durch seine majestätische Kuppelform der schönste Berg des Schwarzwaldes und in der Rundsicht, die er gewährt, von keinem anderen Gipfel übertroffen." Was der berühmte Reiseautor Karl Baedecker vor Jahrzehnten geschrieben hat, gilt unverändert bis auf den heutigen Tag. Der 1.414 Meter hohe, dritthöchste Schwarzwaldgipfel zieht Erholungssuchende und Naturliebhaber gleichermaßen an.

Wegen der seltenen Flora und Fauna wurde der Belchen bereits 1949 unter Naturschutz gestellt, 1993 wurde das Schutzgebiet erweitert und ist nun mit einer Fläche von 1.600 Hektar eines der größten Naturschutzgebiete in Baden-Württemberg. Kolkrabe, Singdrossel, Wasserpieper, Zitronengirlitz, Wanderfalke, Auerhuhn und Haselhuhn sind hier heimisch. Und bei den Pflanzen haben sich Relikte aus der letzten Eiszeit erhalten, die man sonst nur noch in den Alpen findet. Vor allem seltene Flechtenarten locken Botaniker an.

Seit der Eröffnung der Seilbahn im Jahre 2001 ist der Gipfel für den privaten Autoverkehr gesperrt. Die Kabinen-Seilbahn fährt von der Talstation in Aitern-Multen zur 1.356 Metern hoch gelegenen Bergstation. 300.000 Besucher pro Jahr kommen nun abgasfrei zum Berggipfel.

Man kann das Naturparadies am Belchengipfel auch mit öffentlichen Verkehrsmitteln erreichen. Ein Linienbus fährt vom Bahnhof Münstertal (Omnibus Sutter) und von Schönau (SBG-Bus) aus direkt zur Talstation. Es gibt attraktive Kombi-Tickets „Bus + Seilbahn".

> **Belchen-Seilbahn**, Belchenstr. 31, 79677 Aitern
Tel. 07673/888280, Fax 07673/888201
info@belchen-seilbahn.de. www.belchen-seilbahn.de
Ganzjährig täglich von 9.15–17.00 Uhr
Juli bis September bei schönem Wetter bis 19.00 Uhr
Berg- und Talfahrt Erwachsene 6,50 Euro, Kinder 4,50 Euro
reduzierte Familien- und Gruppenpreise

Auf dem Gipfel angekommen, ist der Rundblick total: im Westen die Rheinebene, dahinter Frankreich mit dem Elsaß und den Vogesen, südlich davon erkennt man den Schweizer Jura. Richtung Norden und Nordosten schweift der Blick über viele Schwarzwaldgipfel – vor allem der Feldberg ist wegen seines Turmes gut zu erkennen. Weiter nach Osten sieht man den Vorarlberg. Im Süden erstreckt sich das Wiesental. Unbeschreiblich ist vor allem an Föhntagen das Alpenpanorama. Der Blick reicht dann mehrere hundert Kilometer weit von der Zugspitze bis zum Mont Blanc.

Belchenhaus

Direkt an der Bergstation der Seilbahn kann man sich im Belchenhaus stärken. Das Wirtshaus liegt auf 1.360 Metern Höhe und ist damit das höchstgelegene Gasthaus Baden-Württembergs. Und die Südterrasse gilt als die schönste Wirtshausterrasse des Schwarzwaldes, kann man hier doch das Alpenpanorama und ein zünftiges Vesper gleichzeitig genießen.

Zumindest einen der ausgeschilderten Wanderwege sollte man sich vornehmen.

> **Gipfelrundweg:** In einer halben Stunde erreicht man vom Belchenhaus aus den Gipfel mit Gipfelkreuz und einer informativen Panoramatafel.

> **Naturerlebnispfad:** Etwa 40 Minuten dauert die Entdeckungstour an vielen Schautafeln vorbei, die die wichtigsten naturkundlichen Besonderheiten erläutern.

> **Urwaldpfad:** Zu Fuß geht es zurück zur Talstation durch den Belchen-Bannwald. Ein interessanter Abstieg, der rund siebzig Minuten dauert.

> **Panoramaweg:** Die große Gipfelrunde dauert eine Stunde und bietet großartige Ausblicke nach Freiburg oder ins 1.000 Meter tiefer liegende Münstertal.

An der Südseite des Belchen liegt der **Nonnenmattweiher** inmitten eines Naturschutzgebietes. Man erreicht diesen romantisch gelegenen Flecken entweder über das Untermünstertal oder über das Wiedener Eck und weiter Richtung Böllen und Neuenweg. Sein Name hat nichts mit Nonnen zu tun. Er kommt vielmehr von den „Nunnen", eine alte Bezeichnung für Kühe, die nicht der Milcherzeugung dienen, sondern als Mastvieh auf die Weiden beim Weiher, die „Nunnenmatt", getrieben wurden. Der Weiher wurde im 18. Jahrhundert mit Hilfe eines kleinen Dammes angelegt. Als sich das Wasser sammelte, löste sich der torfige Untergrund und schwamm als Torfinsel auf. Diese treibt noch heute auf dem Wasser. In dem Weiher kann man ein erfrischendes Bad nehmen.

Nonnenmattweiher

Schwarzwälder Käse

Die Käsekultur reicht im Hochschwarzwald bis ins Mittelalter zurück, galt es damals doch, die Milch auf den abgelegenen Höfen haltbar zu machen. Erstaunlicherweise ist diese Tradition dann über fast drei Jahrhunderte fast vollkommen verloren gegangen. Außer Bibeleskäse, wie hier der frische Quark genannt wird, wurde so gut wie kein Käse mehr produziert. Erst in jüngster Zeit haben einige Bauern das Käsen auch als gute Einnahmequelle wiederentdeckt. Das ist eigentlich erstaunlich, liegt das Vorbild Vogesen mit dem weltweit erfolgreich vermark-

Herr Fuchs in seiner Käserei

teten Münsterkäse doch so gut wie in Sichtweite. Neben Käse aus Kuhmilch hat sich vor allem auch Ziegenkäse als eine feste Größe im Schwarzwälder Bauernkäseangebot etabliert. Einer der Pioniere bei der Käseproduktion ist Karl-Joseph Fuchs, Chef des renommierten Restaurants „Spielweg" im Münstertal. Was er nicht für seinen Käsewagen braucht, verkauft er gerne an Feinschmecker aus nah und fern.

> **Romantik-Hotel Spielweg**, siehe unten

EINKEHREN

Restaurant im Hotel Spielweg, Münstertal

Das Spielweg ist eine der großen gastronomischen Konstanten in Südbaden. Schwarzwälder Gemütlichkeit wie aus dem sprichwörtlichen Bilderbuch und dazu eine Küche, die sowohl die Region mit ihren hervorragenden Erzeugnissen hochleben lässt, aber auch mit Edelprodukten von weiter her souverän umgeht. Besonders hervorzuheben sind die Wildgerichte, kein Wunder, ist Küchenchef Karl-Joseph Fuchs doch auch ein passionierter Jäger.

> **Romantik-Hotel Spielweg**, Spielweg 61, 79244 Münstertal
Tel. 07636/7090, Fax 70966, www.spielweg.com
täglich 11.30–24.00 Uhr

Wiedener Eck, Wieden

Direkt auf der Passhöhe zwischen Wieden und Münstertal hält die Familie Wissler schon in dritter Generation in ihrer getäfelten Schwarzwaldstube die Fahne einer ehrlichen saisonalen Küche auf der Basis regionaler Produkte hoch. Frische Schwarzwaldforellen und Wild aus eigener Jagd sind die Renner auf der Karte.

> **Wiedener Eck**, Wieden, Ortsteil Oberwieden
Tel. 07673/9090, Fax 1009, info@wiedener-eck.de
www.wiedener-eck.de
durchgehend geöffnet, außerhalb der Saison Dienstag Ruhetag

Blick ins Markgräflerland

Sulzburg und Badenweiler

In den warmen Quellen von Badenweiler haben schon die Römer relaxt. Heute lassen wir es uns dort gut gehen.

ANFAHRT

Zwar nicht die schnellste, aber die schönste Strecke führt von Freiburg nach Süden auf der L125 über Ehrenkirchen, Staufen und Britzingen. Spätestens hinter Staufen, wenn sich das Sträßchen durch das Markgräflerland an Ballrechten-Dottingen vorbei und durch Laufen an den Ausläufern des Schwarzwaldes entlang schlängelt, bekommt man eine Ahnung davon, weshalb ein mehr oder minder kreativer Werbetexter vor Jahren auf die Idee gekommen ist, diese Gegend als die Toskana Deutschlands zu feiern.

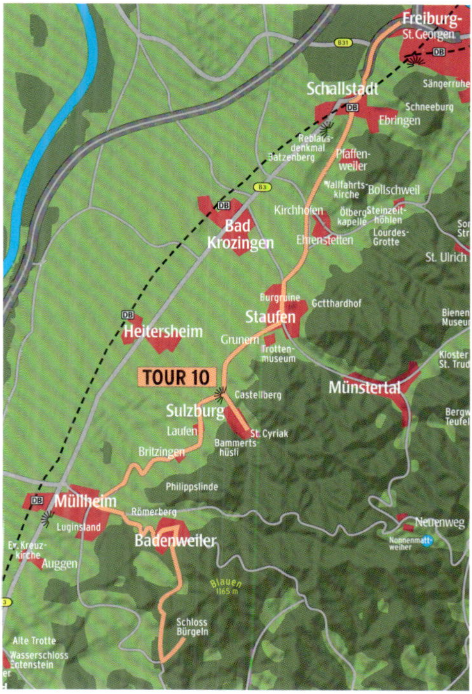

SULZBURG

Wenn die Zeit reicht, sollte man auf halber Strecke zwischen Staufen und Badenweiler einen ein- bis zweistündigen Abstecher nach Sulzburg einplanen. Mindestens drei Dinge lohnen den Besuch.

Landesbergbaumuseum

In der ehemaligen evangelischen Stadtkirche am Marktplatz ist das Landesbergbaumuseum Baden-Württemberg untergebracht. Hier beginnt auch ein fünf Kilometer langer Rundweg durch einen Teil des Sulzbachtales, der sogenannte bergbaugeschichtliche Wanderweg. Der Weg führt an zahlreichen Stollen und Plätzen vorbei, die vom einst blühenden Bergbau bei Sulzburg künden. Eine Sonderbroschüre hierzu ist im Verkehrsamt/Touristeninformation erhältlich.

> **Landesbergbaumuseum**
Dienstag bis Sonntag 14.00–17.00 Uhr, Montag geschlossen
Gruppentermine nach Vereinbarung mit dem Verkehrsamt
Weitere Infos: **Verkehrsamt, Tourist-Information**,
Am Marktplatz, 79295 Sulzburg, Tel. 07634/560040
Fax 560050, tourist-info@sulzburg.de, www.sulzburg.de

Ehemalige Klosterkirche St. Cyriak

Die kleine Kirche ist seit ihrer Restaurierung im Jahre 1964 ein romanisches Kleinod im Markgräflerland. Der Kirchturm stammt aus dem 11. Jahrhundert und gilt als der älteste erhaltene Kirchturm in Südwestdeutschland. Forscher haben nachgewiesen, dass etliche Balken von einem Baum stammen, der 996 gefällt wurde. Das Kircheninnere vermittelt mit dem gedämpften Licht, den romanischen Rundbögen, der Vorhalle aus dem Jahr 1309, der Holzdecke, die von 1510 stammt, mit der zurückhaltenden Malerei und den Resten alter Fresken eine ganz außergewöhnlich zurückgezogene, von der Außenwelt abgeschiedene Stimmung.

St. Cyriak

Ehemalige Synagoge

Die Geschichte der jüdischen Gemeinde Sulzburgs geht bis ins 16. Jahrhundert zurück. Während des Nazi-Terrors wurde die Synagoge am 10. November 1938 zwar schwer beschädigt und geplündert. Sie ist aber eine der wenigen im Land, die nicht vollkommen zerstört oder abgebrannt wurden. Die Nachbarhäuser standen zum Glück so eng daneben, dass der Mob um den Müllheimer NS-Kreisleiter Hugo Grüner es sich nicht traute, sie in Brand zu stecken. Die Synagoge wurde zwischen 1980 und 1995 schrittweise wieder restauriert. Dabei wurde darauf geachtet, den alten Zustand vor 1938 wieder herzustellen. Sie ist heute ein Haus der Begegnung für die Stadt und das Umland. Nicht weit davon befindet sich der jüdische Friedhof.

> **Die Synagoge** ist an jedem ersten und letzten Sonntag im Monat 16.00–18.00 Uhr zu besichtigen. Weitere Informationen unter Tel. 07634/560035 oder www.sulzburg.de

Ein vierter Grund, in Sulzburg eine Pause einzulegen, ist das Naturfreibad. Insbesondere an heißen Tagen, wenn in der Rheinebene die Schwüle drückt, ist das Waldschwimmbad, das hinter Sulzburg an der Straße Richtung Bad Sulzburg liegt, ein Refugium der Erholung. Das Schwimmbecken wird nur vom Wasser des Sulzbaches gespeist, der für eine ununterbrochene Zufuhr von frischem, glasklaren Bergwasser sorgt.

Burgruine Badenweiler

BADENWEILER

Römische Badruine

Die römische Therme in Badenweiler ist die größte und besterhaltene römische Ruine rechts des Rheins in Deutschland. Nachdem bereits die Kelten in vorrömischer Zeit die warmen und heilenden Quellen Badenweilers zu schätzen wussten, entstand kurz nach der römischen Eroberung des rechtsrheinischen Landes gegen Ende des 1. Jahrhunderts n.Ch. eine Siedlung mit einem Badegebäude. Daraus wurde im Laufe der Jahre die größte römische Therme nördlich der Alpen. 1784 wurde die Ruine entdeckt und freigelegt. Es ist damit die erste komplett dokumentierte Ausgrabung eines römischen Baudenkmals in Deutschland. Die Badeanlage ist eine streng symmetrische Doppelanlage – ein Trakt für die Männer, einer für die Frauen.

> **Römische Badruinen Badenweiler** im Kurgarten
Tel. 07632/799300, Fax 799399, touristik@badenweiler.de
April bis Oktober 10.00–18.00 Uhr
November bis März 10.00–16.00 Uhr
Erwachsene 2,00 Euro, Kinder (ab 5 J.) u. Jugendliche 1,50 Euro

Cassiopeia-Therme

Direkt neben der römischen Badruine und inmitten des Kurparks setzt die moderne Cassiopeia-Therme die Tradition des Heilbadens fort. Die artesische Quelle sprudelt unerschöpflich, die Mineralisierung des Wassers gilt als ausgewogen und dadurch ausgesprochen bekömmlich. Zahlreiche Einrichtungen in stilvollem Ambiente sorgen für Entspannung und Wohlbefinden. Das Thermalbad mit über tausend Quadratmetern Wasserfläche ist in unterschiedlich temperierte Becken unterteilt, ein 30 Grad warmes Außenbecken, ein 34 Grad warmes Marmorbad mit einer 36 Grad warmen Badegrotte.

Orientalisches Bad

Römische Badekultur wird im römisch-irischen Bad vermittelt: entspannende Wärme in Dampf- und Heißluftbädern, ergänzt durch pflegende Seifenbürstenmassage. In der Saunalandschaft hat man die Qual der Wahl: Sechs Innen- und Außensaunen mit Steinbad, Aroma-Sauna, Kräutersauna, Aufguss-Sauna, Finnische Sauna und Kristall-Sauna warten auf den Kunden. Die Wellness-Oase bietet ein Hamam zur Erholung nach orientalischem Vorbild sowie Sand-Lichtbäder und Rasul-Bäder, die Hautpflege nach altem orientalischem Wissen anbieten.

Römisch-Irisches Bad

> **Cassiopeia-Therme**, Ernst-Eisenlohr-Str. 1
79410 Badenweiler, Tel. 07632/799200
therme@badenweiler.de, www.cassiopeiatherme.de
Öffnungszeiten: Thermalbäder täglich 9.00–22.00 Uhr
Saunalandschaft täglich 11.00–22.00 Uhr, Mi. Da-Sauna
Römisch-Irisches Bad täglich 11.00–22.00 Uhr
Wellness-Oase täglich 11.00–22.00 Uhr
Erwachsene mit Gästekarte ab 9,50 Euro
Kinder und Jugendliche unter 16 Jahren ab 7,50 Euro

Hotel Römerbad

Das Hotel Römerbad, eine 1823 erbaute Hotellegende, erstrahlt nach der kompletten Renovierung in den Jahren 2006 und 2007 wieder im neuen alten Glanz. Das Hotel ist jedoch nicht nur eine Luxus-Herberge für die Betuchten im Lande. Es bietet auch für jedermann einen ebenso vornehmen wie noblen Rahmen für zahlreiche kulturelle Ereignisse, die die Hotelleitung das Jahr hindurch veranstaltet: Jazz-Brunch, Variété-Veranstaltungen und ein Literarischer Salon sind nur einige Beispiele.

> **Grandhotel Römerbad**, Schlossplatz 1, 79410 Badenweiler
Tel. 07632/700, Fax 07632/70200
info@hotel-roemerbad.de, www.hotel-roemerbad.de

Kunst-Palais

Eine Kultur-Initiative hat in einem romantischen Schlösschen einen Treff für Café, Galerie und Kleinkunst geschaffen. Das historische Palais liegt zentral am Schlossplatz und bietet Räume unter anderem für Konzerte, Lesungen, Theater und Kultur-Brunch.

> **Kunst-Palais**, Blauenstr. 2, 79410 Badenweiler
Tel. 07632/823240, www.kunstpalais-badenweiler.de

Schloss Bürgeln

ABSTECHER

Schloss Bürgeln

Zehn Kilometer südlich von Badenweiler liegt in 700 Metern Höhe an den westlichen Ausläufern des Blauen das Barockschloss Bürgeln. In den 80er Jahren wurde es bundesweit berühmt als Drehort für die ZDF-Serie „Lorenz & Söhne". Die Innenausstattung ist weitgehend original erhalten, sehenswert ist auch die im Rokoko-Stil ausgestattete Schlosskapelle. Der Blick Richtung Vogesen und Burgundische Pforte ist traumhaft. Wer eine Stärkung braucht, wird in der Schlosswirtschaft fündig. Für ein kurzes Flanieren danach genügt der Schlosspark, wer einen längeren Spaziergang vorhat, findet hier oben mehrere ausgeschilderte Wanderwege von unterschiedlicher Länge.

> **Schloss Bürgeln**, 79418 Schliengen, Tel. 07626/237
www.schlossbuergeln.de
Das Schloss ist täglich geöffnet
Führungen um 11.00, 14.00, 15.00, 16.00 und 17.00 Uhr
Erwachsene 6,00 Euro, Kinder 3,00 Euro
Schlosswirtschaft 11.00–18.00 Uhr, Dienstag Ruhetag
Oktober bis März Montag und Dienstag Ruhetag

Hotel Hirschen, Sulzburg

Eine der ersten Gourmet-Adressen im Markgräflerland. Die französisch inspirierte Hochküche der Familie Steiner lockt seit Jahrzehnten Feinschmecker aus nah und fern nach Sulzburg. Viele Sternerestaurants bieten ein – im Vergleich zu den abends verlangten Preisen – kostengünstiges Mittagsmenü. So auch der Hirschen in Sulzburg. Sterneküche zu Schnupperpreisen.

> **Hotel-Restaurant Hirschen**, Hauptstraße 69,
79295 Sulzburg, Tel. 07634/8208, Fax 6717
www.hirschen-sulzburg.de
Mittwoch bis Sonntag 12.00–15.00 Uhr und 18.30–24.00 Uhr
Montag und Dienstag Ruhetag

Hotel Römerbad, Badenweiler

Das Restaurant des Hotels hat seit der Verpflichtung von Küchenchef Sascha Kölsch gehörig Auftrieb bekommen. Ob Topinambur-Suppe, Rehrücken mit Selleriepüree oder poschiertes Kalbsfilet mit Artischocken und Gnocchi – die Küche erfreut mit regionaler Verwurzelung und mediterraner Leichtigkeit.

> **Grandhotel Römerbad**,
Schlossplatz 1
79410 Badenweiler
Tel. 07632/700
Fax 07632/70200
info@hotel-roemerbad.de
www.hotel-roemerbad.de

STRAUSSENWIRTSCHAFTEN

In Baden sitzt man nicht, man hockt. Und deshalb heißen viele der Feste, die in der warmen Jahreszeit landauf, landab im Freien gefeiert werden, Hocks. Um richtig zu hocken, braucht es vier Dinge: Stuhl, Tisch und darauf ein Vesper und ein Viertele Wein. Besonders gerne wird deshalb in Vesperstuben und Straußenwirtschaften gehockt. Letztere haben eine lange Tradition. Sie gehen auf Karl den Großen zurück und erlauben es jedem Winzer, vier Monate im Jahr den eigenen Wein auszuschenken und rustikale Vesper anzubieten. Mit dieser Aktion sollten ehedem die Weinfässer für den neuen Jahrgang endgültig geleert werden. Heutzutage sind sie ein begehrter Nebenverdienst für viele Winzer. Bänke und Tische werden auf den Hof oder in eine Scheune gestellt. Und damit der durstige und hungrige Wanderer nicht daran vorbei läuft, hängt ein Besen oder ein Strauß aus Weinbergreisig als provisorisches Wirtshausschild an der Hofeinfahrt. Selbstgebackenes Brot, hausgemachte Wurstwaren, Speck, Quark und Bratkartoffeln, dazu roter und weißer Wein vom Fass gehören in einer guten Strauße zur Grundausstattung. Manche haben sich in den letzten Jahren fast schon zu richtigen Gastwirtschaften mit einem erheblich ausgeweitetem kulinarischen Angebot gemausert – sehr zum Leidwesen der „normalen" Wirte, denen sie starke Konkurrenz machen. Denn Dank der relativ günstigen Preise und der ungezwungenen Atmosphäre sind Straußenwirtschaften fast immer proppenvoll und ein Hort feucht-fröhlicher Kommunikation. Dort sitzt man eng, aber gut gelaunt beieinander und der Kontakt zum Nachbar kommt meist schneller als die Bedienung. Und wer glaubt, ein Tisch sei voll, stellt immer wieder mit Verwunderung fest, dass doch noch zwei weitere Gäste Platz finden.

Gerade im Markgräflerland und auch am Kaiserstuhl gibt es eine schier unüberschaubare Anzahl von Straußenwirtschaften. Da die Öffnungszeiten sehr stark variieren und jede ihren ganz eigenen Charme besitzt, möchten wir hier einfach dazu animieren, dem einen oder anderen Besen oder Strauß zu folgen und selbst auf Entdeckungstour zu gehen. Im übrigen gibt es in allen Buchhandlungen gegen eine geringe Schutzgebühr Faltblätter, in denen alle Straußenwirtschaften mit ihren Spezialitäten aufgeführt sind.

> **www.straussen-kalender.de**

Bad Krozingen und Staufen

Dieser Ausflug gilt zwei interessanten Städten südlich von Freiburg: dem mittelalterliche Staufen und der Kur- und Bäderstadt Bad Krozingen.

ANFAHRT

Wir verlassen Freiburg in Richtung Süden über Merzhausen und fahren sodann auf der L122 durch das Hexental. Rechts liegen Schönberg und Hochfirst, links die Ausläufer des Schwarzwaldes.

SANKT ULRICH

Klosterkirche Sankt Ulrich

Kurz nach Sölden biegt links eine kleine Straße nach St. Ulrich ab. Wer sich für die cluniazensche Reformbewegung in der katholischen Kirche interessiert, sollte den kleinen Abstecher zum dortigen Kloster machen. Die Klostergründung geht auf den Heiligen Ulrich von Regensburg im Jahre 1087 zurück. Neben der von Peter Thumb erbauten Barockkirche ist vor allem der riesige romanische Taufstein im Klosterinnenhof besonders sehenswert. Man parkt am besten beim Gasthaus Zum Rössle, von hier erreicht man in wenigen Minuten zu Fuß die Kirche. Wen der Hunger plagt: Das Rössle ist ein gemütliches Gasthaus mit ausgezeichneter Regionalküche und schönem Freisitz an der rauschenden Möhlin.

Sankt Ulrich

Es gibt nun zwei Möglichkeiten: entweder fahren wir sofort zurück zur L 122 und biegen dort nach links in Richtung Bollschweil ab, um nach kurzer Fahrt über Ehrenstetten die Stadt Staufen zu erreichen. Oder wir fahren zunächst noch weiter das Tal hinauf zum 820 Meter hoch gelegenen Geiersnest. Der dortige Wanderparkplatz liegt zwar nur 10 Kilometer Luftlinie von Freiburg entfernt, kann mit dem PKW aber nur über St. Ulrich angefahren werden. Man hat von hier oben eine schöne Aussicht auf den Schauinsland und den Belchen. Auf halber Strecke kann man in der Sonners's Strauße einkehren und vespern.

Nun aber geht es zurück zur L122.

STAUFEN

Alleine schon wegen der reizvollen, mittelalterlich geprägten Altstadt und den zahlreichen Einzelhandelsgeschäften, die noch nicht den Ketten internationaler Labels gewichen sind, lohnt sich ein Ausflug mit Einkaufsbummel in die Fauststadt Staufen. Fauststadt nennt sich der Ort, weil der wohl berühmteste Einwohner Staufens, Johann Georg Faust, jener sagenumwobene Alchimist und Magier, hier vor etwa 500 Jahren starb. Es ist jener Doktor Faustus, der seit Goethe weltbekannt ist. Dokumente über sein Leben gibt es nur wenige. Es muss aber ein faszinierender Mann gewesen sein, der als Heilkünstler und Hellseher, Alchimist und Astrologe von allen Bevölkerungsschichten konsultiert wurde. Um 1540 kam er in seinem Zimmer im Gasthaus Löwen auf spektakuläre Weise, wahrscheinlich bei einer chemischen Explosion, ums Leben. Die Inschrift an der Fassade des noch heute bestehenden Gasthauses erinnert an das unheimliche Geschehen:

"Anno 1539 ist im Leuen zu Staufen Doctor Faustus so ein wunderbarlicher Nigromanta (= Schwarzkünstler) gewesen, elendiglich gestorben und es geht die Sage, der obersten Teufel einer, der Mephistopheles, den er in seinen Lebzeiten lang nur seinen Schwager genannt, habe ihn, nachdem der Pakt von 24 Jahren abgelaufen, das Genick abgebrochen und seine arme Seele der ewigen Verdammnis überantwortet."

Die von weitem sichtbare **Burgruine** thront auf einem kegelförmigen Berg und kann besichtigt werden. Umgeben von Reben reichen die Anfänge der Burganlage wohl bis vor die Zeit der Römer zurück. Die Römer errichteten dort einen Wachturm, zuvor war der Bergkegel Sitz eines keltischen Fürsten. Die Burg, so wie sie heute noch in ihren Fundamenten erhalten ist, wurde wahrscheinlich zu Beginn des 12. Jahrhunderts durch die Herren von Staufen erbaut. Letzter Bewohner war Graf Leo von Staufen. Danach fing die Burg an zu verfallen.

Ebenfalls einen Besuch wert ist das **Keramik-Museum**. In dessen Mittelpunkt steht eine original erhaltene Hafnerwerkstatt mit Tongrube, Scheibe, Glasurmühle und Holzbrennöfen. Wechselnde Sonderausstellungen sind vor allem deutschen, französischen und Schweizer Keramik-Künstlern gewidmet.

> **Keramik-Museum Staufen**, Wettelbrunnerstr. 3, Tel. 07633/6721
Februar bis November: Mittwoch bis Samstag 14.00–17.00 Uhr
Sonntag 11.00–13.00 Uhr und 14.00–17.00 Uhr

Keramikmuseum Staufen

Die Burgruine Staufen inmitten von Weinbergen

Ein besonderes Ereignis für alle, die an Lyrik interessiert sind, ist die jährliche Verleihung des vom Land Baden-Württemberg und vom Südwestrundfunk gestifteten **Peter-Huchel-Preises für deutschsprachige Lyrik**, der wohl bedeutendsten Auszeichnung in diesem Bereich. Der große Lyriker Peter Huchel hat seine letzten Lebensjahre in Staufen verbracht. Der Preis wird jedes Jahr an seinem Geburtstag, dem 3. April, im Stubenhaus am Marktplatz im Rahmen einer öffentlichen Veranstaltung verliehen.

Geistige Nahrung ganz anderer Art wird in der bekannten **Hausbrennerei Schladerer** hergestellt. Wer sich über die Produktion von Schwarzwälder Kirschwasser und anderen hochprozentigen Gaumenfreuden informieren möchte, kann sich für eine Betriebsführung anmelden.

> **Schladerer**, Alte Schwarzwälder Hausbrennerei
Alfred-Schladerer-Platz 1, 79219 Staufen
Führungen: März bis Oktober jeweils Mittwoch 14.00 Uhr
Anmeldung unter Tel. 07633/8320 oder
moritz-nusser@schladerer.de, www.schladerer.de

Vita-Classica-Therme

BAD KROZINGEN

Anders als in Badenweiler, wo schon die Römer in den warmen Quellen badeten, hat sich Bad Krozingen erst vor rund 100 Jahren zur Kur- und Bäderstadt entwickelt, und das aus purem Zufall: 1911 war man im Rheintal auf der Suche nach Öl. Eine Bohrung im damaligen Krozingen förderte zur allgemeinen Verwunderung jedoch kein schwarzes Gold, sondern heißes Heilwasser zu Tage. Aus einem bis dahin landwirtschaftlich geprägten Dorf wurde innerhalb kurzer Zeit ein Ort mit vielen Kurgästen und einem regen Touristenleben. 1933 wurde der Titel „Bad" verliehen.

Vita-Classica-Therme

Bad Krozingen hat sich in den letzten Jahren zu einem herausragenden medizinischen Zentrum entwickelt und sich vor allem in der Herzchirurgie einen Namen gemacht. In der Vita-Classica-Therme fühlen sich aber auch Gesunde pudelwohl. Wohlfühlhaus, Entspannungswannen, Türkisches Bad, Aqua-Gymnastik und das Saunaparadies sind nur ein paar Attraktionen der weitläufigen und modernen Badelandschaft. So kann man im Saunaparadies bei 90 Grad klassisch schwitzen oder in der 60-Grad-Bio-Sauna Klang- und Farbeffekte auf sich wirken lassen. In der Dampfsauna entspannt man bei 45 Grad, und das Rundstammhaus befindet sich samt Abkühlbecken umsäumt von Palmen im Aussenbereich. Japanisches Ruhehaus und Salzkristall-Sauna machen das Sauna-Angebot komplett.

> **Vita Classica**, Kur- und Bäder GmbH Bad Krozingen
Herbert-Hellmann-Allee 12, 79189 Bad Krozingen
Tel. 07633/400840, www.vita-classica.de
Montag bis Samstag 8.30–23.00 Uhr, Sonntag 8.30–22.00 Uhr
Erwachsene ab 10.00 Euro, Kinder und Jugendliche ab 7,50 Euro

Schlosskonzerte

Ob Goldberg-Variationen oder andere musikalische Leckerbissen: die Konzerte im Bad Krozinger Schloss erfreuen sich großer Beliebtheit, der musikalischen Qualität wegen, aber auch dank des wunderschönen Ambientes. Bekannt ist die Sammlung historischer Tasteninstrumente, durch die es auch spezielle Führungen für Kinder gibt. Was verbirgt sich alles hinter diesen Deckeln, wozu gibt es Pedale am Klavier und was ist eigentlich eine Instrumentenschwangerschaft? Fragen über Fragen, die alle fachkundig beantwortet werden.

> **Schloss**, Am Schlosspark 7, 79189 Bad Krozingen
Tel. 07633/407164, info@schlosskonzerte-badkrozingen.de
www.schlosskonzerte-badkrozingen.de

RÜCKWEG

Wer sich auf dem Rückweg noch ein bisschen die Füße vertreten möchte, wählt die Route durch das Schneckental, lässt sein Auto bei Kirchhofen oder bei Pfaffenweiler stehen und folgt dem fünf Kilometer langen Weinlehrpfad über den Batzenberg. Auf 36 Tafeln werden Weinwirtschaft, Flurbereinigung und typische Rebsorten erläutert, und so ist man endlich in der Lage, den feinen Unterschied zwischen Weißburgunder, Chardonnay und Ruländer zu erklären. Auf dem höchsten Punkt des Bergrückens (315 Meter) steht das Rebpfropfen-Denkmal, volkstümlich auch Reblaus-Denkmal genannt. Es erinnert an die Reblausplage in der Mitte des 19. Jahrhunderts, der fast der gesamte Weinbau in der Region zum Opfer gefallen ist.

Weiter dem Schneckental folgend, erreichen wir in Wolfenweiler die B3, auf der es zurück nach Freiburg geht.

EINKEHREN

Café Decker, Staufen

Ein Muss für alle Kaffeetanten und sonstigen Liebhaber von Schwarzwälder Kirschtorte und anderen süßen Sachen: Das Café Decker in Staufen ist für seine Kuchen, Torten und Gebäckauswahl eine der allerersten Adressen. Am Tortenbuffet bilden sich regelmäßig Schlangen. Ein weiteres Plus: die große Terrasse direkt am Flüsschen Neumagen.

> **Café Decker**, Hauptstraße 70, 79219 Staufen
> Tel. 07633/5316, Fax 500378, www.cafe-decker.de
> Montag bis Samstag 6.30–18.00 Uhr, Sonntag 13.30–18.00 Uhr

Gasthaus Zum Rössle, St. Ulrich

Gefüllte Kalbsbrust vom Söldener Vorderwälder Weidekalb, geschmortes Wild – mal Reh, mal Wildschwein – aus heimischer Jagd mit hausgemachten Spätzle und kräftiger Soße, gekochter Tafelspitz mit Meerrettichsoße und Bouillonkartoffeln: Das Rössle ist eine sichere Adresse für regionale Genüsse. Auch kleine Ausflüge ins Mediterrane mit Gazpacho, der herzhaften kalten Tomaten-Gurkensuppe oder provencalischen Nudeln mit Oliven, Champignons und Paprika gelingen gut. Alles ist bodenständig gut gekocht und passt nahtlos zum Ambiente mit alter Holztäfelung und Kachelofen. Die Hauptgerichte gibt es auch als kleine Portionen, und auch diese sind selbst nach einer Wanderung meist völlig ausreichend. Auch die Preisgestaltung hat die Bodenhaftung noch nicht verloren, was sich auch auf der Weinkarte zeigt: Das Viertele beginnt bei süffigen 2,80 Euro, die Flasche, ein Ehrenstetter Lorettoberg Weißherbst Kabinett, bei 10,50 Euro.

> **Gasthaus Zum Rössle**, St. Ulrich 11
> 79283 Bollschweil-St. Ulrich, Tel. 07602/252
> www.gasthausroessle.de
> Mittwoch bis Freitag ab 17.00 Uhr, Samstag, Sonn- und Feiertag ganztags, Montag und Dienstag Ruhetag

Sonner's Strausse, Sankt Ulrich

Vor allem die Vesper und der Rindfleischsalat mit Brägele (Bratkartoffeln) sind hier sehr beliebt.

> **Sonner's Strausse,** St. Ulrich 21
> 79283 Bollschweil-St. Ulrich, Tel. 07602/281
> 6. März bis 5. April, 17. April bis 9. August und
> 29. August bis 1. November jeweils ab 16.00 Uhr
> Samstag, Sonn- und Feiertage ab 11.00 Uhr, Mittwoch Ruhetag

Kreuz-Post, Staufen

Die stilvolle Einrichtung vermittelt Behaglichkeit pur, das Angebot aus der Küche lässt keine Wünsche offen. Von den gebackenen Garnelen in Chilisoße über das Zanderfilet auf Rahmkraut bis hin zur Vanille-Topfen-Mousse mit eingelegten Rotweinpflaumen kommt auch der verwöhnte Gaumen auf seine Kosten. Die Kreuz-Post ist die Gourmet-Adresse in der Staufener Fußgängerzone.

> **Hotel-Gasthof Kreuz-Post,** Hauptstr. 65, 79219 Staufen
> Tel. 07633/95320, Fax 953232, www.kreuz-post-staufen.de
> Donnerstag bis Dienstag 12.00–14.30 Uhr und 17.30–24.00 Uhr
> Mittwoch Ruhetag

Restaurant Krone, Bad Krozingen-Biengen

Hier lockt einer der schönsten und romantischsten Innenhöfe der Region. Aber nicht nur. Die Küche von Sascha Weiß ist eine der innovativsten der Region, ohne jedoch in sinnlose Effekthascherei zu verfallen. Alles hat kulinarische Klasse. Kaninchenleber mit Apfel-Curry-Graupen: da hat ein makelloses, zartes und schmackhaftes Stück Leber die exakt stimmige Hitzedosis in der Pfanne abbekommen, und die häufig unterschätzten Graupen bilden zusammen mit dem Apfel und dem Curry eine gekonnt abgestimmte Ergänzung. Im Gastraum schön aufgearbeitete Hölzer an den Wänden, blanker Boden, polierte Holztische mit feinen Leinenläufern, etwas Kunst.

> **Restaurant Krone**, Hauptstr. 18, 79189 Bad Krozingen-Biengen
> Tel. 07633/3966, Fax 806083, www.krone-biengen.de
> Dienstag bis Freitag und Sonntag 12.00–14.00 Uhr und
> 18.30–23.00 Uhr Samstag 18.30–23.00 Uhr
> Montag Ruhetag

Weinterrassen bei Oberbergen, Kaiserstuhl

Der Kaiserstuhl

Wie ein urzeitliches Untier liegt der Kaiserstuhl südwestlich von Freiburg mitten in der Oberrheinischen Tiefebene. Der Kopf mit dem Schnabel Richtung Riegel, bei Vogtsburg und Ihringen die Flügelspitzen ... Zugegeben, es gehört etwas Fantasie dazu. Fakt ist aber, dass der 16 Kilometer lange, 12 Kilometer breite und rund 550 Meter hohe Bergrücken seine Entstehung den vulkanischen Aktivitäten des Tertiär verdankt. Die Entstehung des Kaiserstuhls begann mit dem Einbruch des Oberrheingrabens vor rund 60 Millionen Jahren. Schuld daran war eine vom Mittelmeer bis nach Nordeuropa reichende Schwächezone der Erdkruste, die in der Region verläuft und zu einem 250 Kilometer langen Einbruch führte. Vor rund 15 Millionen Jahren stiegen aus den Bruchspalten Magmen nach oben und bildeten den Kaiserstuhl-Vulkan. Gleichzeitig füllte sich der Graben mit Sedimenten und Kies aus dem Rheinbett. Dieser Umstand führte dazu, dass der Kaiserstuhl sowohl einen vulkanischen und einen sedimentären Teil besitzt. Etwa 85 Prozent der Oberfläche sind von Sedimenten – dem Löß – bedeckt und zurecht wird der Kaiserstuhl als die großartigste deutsche Lößlandschaft bezeichnet. Stellenweise ist die Lößschicht bis zu 30 Meter dick. Und wo Löß liegt, fühlen sich die Reben am wohlsten, besonders dann, wenn sie in der sonnenreichsten Gegend Deutschlands wachsen. Nicht umsonst gehört der Kaiserstuhl zu den bekanntesten Weinanbaugebieten Deutschlands.

ANFAHRT

Am schnellsten erreicht man den Kaiserstuhl, wenn man von Freiburg aus die B31a Richtung Umkirch nimmt. Von dort aus geht es über Gottenheim nach Vogtsburg/Oberbergen ins Herz des Weinbaus und der Obstplantagen. Von hier aus gibt es viele Möglichkeiten, den Kaiserstuhl zu erkunden. Neben verborgenen Kulturschätzen, die es zu entdecken gilt, ist der Kaiserstuhl vor allem bei Wanderern und Weinliebhabern beliebt.

Auf den Spuren des Weines

Wie gesagt: Der Kaiserstuhl ist das sonnenreichste und wärmste Rebengebiet Deutschlands. Gleichzeitig liegt der Kaiserstuhl im Regenschatten der Vogesen, was zur Folge hat, dass beispielsweise in Ihringen nur 600 Millimeter Niederschlag im Jahr fallen.

Weinernte auf den Sonnenterrassen

Wein wurde hier bereits in der Römerzeit angebaut. Heute wachsen auf rund 4500 Hektar Fläche vor allem Burgundersorten, Müller-Thurgau und Silvaner. Insbesondere die Burgundersorten mit ihrem gehaltvollen und mineralischen Charakter sind heute begehrte Weine und dominieren den Anbau mit über der Hälfte der Anbaufläche. Natürlich findet man auch hervorragende Weine aus Rebsorten wie Muskateller, Gewürztraminer, Auxerrois, Riesling und Chardonnay.

Wer die Kaiserstühler Weine und den Weinanbau näher kennen lernen möchte, dem bietet sich eine Rundtour auf der **Badischen Weinstraße Kaiserstuhl** an. Gekennzeichnet durch ein Schild, in dessen Zentrum das Badische Wappen abgebildet ist, führt die Route durch den gesamten Kaiserstuhl, vorbei an zahlreichen Weingütern, Winzergenossenschaften und Weinstuben. Tipp: Der „Burgunderteller", der in vielen Gasthäusern am Kaiserstuhl angeboten wird und aus einem regionalen Gericht mit einem Kaiserstühler Burgunderwein besteht.

Übrigens: An den Wochenenden zwischen April und Anfang November laden die Kaiserstühler Winzergenossenschaften mit offenen Winzerkellern zur Besichtigung ein. Daneben gibt es in dieser Zeit auch reichlich Gelegenheit, mal ein echtes Kaiserstühler Weinfest zu erleben.

DER KAISERSTUHL ZU FUSS

Wandertouren

In kaum einer Region findet man auf so engem Raum eine solche Fülle an Pflanzen, Tieren, beeindruckenden Landschaften und Aussichtspunkten wie in dem kleinen Gebirgszug zwischen Schwarzwald und Vogesen: Smaragdeidechsen, wilde Orchideen, seltene Vogelarten, einzigartige geologische Formationen – wer im Kaiserstuhl wandert, kann ganz besondere Begegnungen erleben. Nicht zu Unrecht gilt der Kaiserstuhl als einzigartige Naturlandschaft, in denen so seltene Tiere und Pflanzen wie Bienenfresser, Gottesanbeterinnen, Knabenkraut und Küchenschellen vorkommen. Sogar Wildkatzen wurden im Kaiserstuhl gesichtet ... Die Wanderwege sind sehr gut ausgeschildert und entlang vieler Routen kann man sich an Infotafeln über geologische und naturkundliche Themen informieren. Zum Beispiel auf den acht Themenpfaden, die den Kaiserstuhl von

Süden nach Norden und von Westen nach Osten durchqueren.

Die Wege stehen jeweils unter einem Motto, zum Beispiel der **Bienenfresserpfad**, der auf rund 16 Kilometern von Ihringen über Bickensohl, Oberrotweil und Bischoffingen nach Königschaffhausen führt. Der Bienenfresser ist einer der farbenprächtigsten europäischen Vögel und ist mit dem Eisvogel verwandt. Er baut seine Nisthöhle bevorzugt in die senkrechten Lößwände, die so typisch für den Kaiserstuhl sind und futtert am liebsten – Bienen.

Lohnenswert ist auch der 20 Kilometer lange **Knabenkrautpfad** von Breisach nach Bötzingen, der unterwegs immer wieder imposante Ausblicke auf die Vulkankuppen im inneren Kaiserstuhl ermöglicht.

Ein Tipp für kleine Touren, die dennoch eine Fülle an Eindrücken bereithalten: das **Liliental** in der Nähe von Ihringen, ein 255 Hektar großes Gelände, das 1957 von der Forstlichen Versuchsanstalt gekauft und angelegt wurde. In den Folgejahren entstand hier ein wohl einmaliges Reservoir an seltenen Bäumen und Sträuchern aus aller Welt. Das Liliental zählt zu den beliebtesten Ausflugszielen am Kaiserstuhl und bietet neben verschiedenen Wanderwegen ein Ausflugslokal, einen Spielplatz, Hütten und Feuerstellen und „freilaufende" Pfauen, die von Zeit zu Zeit imposante Räder schlagen. Gleich hinter der Gaststätte beginnt die Exoten-Schau mit Lotospflaumen, Tulpenbäumen und den 1960 angepflanzten Mammutbäumen, die es inzwischen zu einer respektablen Größe gebracht haben.

Wandervorschläge für Kaiserstuhltouren gibt es zum Beispiel beim Tourismusverein in Ihringen – übrigens der wärmste Ort Deutschlands!

> **Kaiserstuhl-Touristik Ihringen**
Bachenstr. 38, 79241 Ihringen am Kaiserstuhl
Tel. 07668/9343 oder 07668/710860, Fax 07668/908168
tourist.info@ihringen.de, www.ihringen.de

Mit der Dampflok unterwegs

Eisenbahn-Romantik für Dampflok-Fans bietet der echte Kaiserstühler Museums-Dampfzug, der Rebenbummler, mit dem sich wie zu Großvaters Zeiten in historischen Reisezugwagen aus den Jahren 1906 bis 1928 der Kaiserstuhl durchqueren lässt. Die Strecke führt von Riegel nach Breisach und gilt als eine der schönsten Bahnlinien Deutschlands.

> Infos zu Strecken, Fahrpreisen und Sonderfahrten unter **www.rebenbummler.de** und beim
Kaiserstühler Verkehrsbüro
Adelshof 20, 79346 Endingen, Tel. 07642/689990

Burkheim

FACHWERK UND KOPFSTEINPFLASTER – STÄDTCHEN AM KAISERSTUHL

Endingen

Endingen am Nordrand des Kaiserstuhls ist immer eine kleine Reise wert. Das rund 1.500 Einwohner umfassende mittelalterliche Städtchen ist mit Amoltern und den Winzerdörfern Kiechlinsbergen und Königschaffhausen eine der größten Weinbaugemeinden in Baden. Dass Wein hier nicht nur produziert, sondern auch getrunken wird, lässt sich unschwer an den zahlreichen Weinstuben, Restaurants und Straußenwirtschaften erkennen. Besonders sehenswert ist der Endinger Marktplatz. Mit seinen drei Rathäusern, der Martinskirche und dem Marktplatz- und dem Marienbrunnen ist er ein kunstgeschichtliches Kleinod. Auch der sanierte spätgotische Üsenberger Hof aus dem 15. Jahrhundert lohnt einen Besuch. In seinem Innern sind Fragmente spätgotischer Wandmalereien und die Sammlung des Vorderösterreich-Museums zu bewundern – Endingen war seit 1367/75 Lehen des Hauses Habsburg und stellte damit eine der frühesten Erwerbungen Österreichs im Breisgau dar.

Amoltern

Kurz hinter Endingen liegt in einem stillen Seitental, abgeschieden und ohne Durchgangsstraße, das winzige Amoltern, in dem die Uhren anders gehen. Urkundlich erwähnt wurde die Gemeinde zum ersten Mal im Jahre 800. Und es ist fast so, als sei die Zeit hier wirklich stehen geblieben, besonders zur Zeit der Kirschblüte, wenn über dem ganzen Tal ein weißer Schleier liegt.

Burkheim

Wer weiter auf Fachwerk-Pfaden wandeln möchte, dem sei ein Besuch im romantischen Burkheim am Westrand des Kaiserstuhls empfohlen. Der Ort wurde erstmals im Jahre 762 urkundlich erwähnt, zur Stadt wurde er 1330 und immer noch ist der mittelalterliche Charakter erhalten. Enge Gassen, die die Ober- und die Mittelstadt miteinander verbinden, Fachwerkhäuser und Kopfsteinpflaster und die markante Burgruine am

Ortsrand prägen das Stadtbild. Dazwischen spätgotische und barocke Bauten und die Renaissancefassade des Rathauses. In der Oberstadt ist die mit Ornamenten und Fresken reich ausgestattete Pfarrkirche St. Pankratius einen Besuch wert, in der Unterstadt lebten früher die Rheinfischer, einige Wandbilder an den Fassaden erzählen noch vom Leben und Arbeiten als Flussfischer.

Wer die romantische Stimmung zur Gänze auskosten möchte, kann von Ostersonntag bis Ende Oktober mit einem veritablen Nachtwächter auf Tour gehen. Treffpunkt ist jeden Mittwoch und Sonntag um 22.00 Uhr beim Stadttor. Übrigens: Die Burkheimer Tor- und Nachtwächter wurden erstmals 1504 erwähnt. Damit gehört Burkheim zu den ältesten nachweisbaren „Nachtwächter-Städten". Und wer sich vor dem Rundgang stärken möchte, bitte sehr: In einigen Gaststätten stehen sogar spezielle Nachtmenüs auf der Speisekarte.

EINKEHREN

Straußenwirtschaften

Wer's ganz rustikal mag, dem sei nochmals der Besuch einer Straußenwirtschaft ans Herz gelegt (siehe Seite 101). Also, achten Sie bei Ihrem Ausflug durch den Kaiserstuhl auf die Reisigbesen, das Erkennungszeichen der Straußen.

> **www.straussen-kalender.de**

Merkle's Rebstock, Endingen

Aus der alten Dorfwirtschaft seiner Eltern hat Thomas Merkle zusammen mit seiner Frau Simone in nur wenigen Jahren eine der ersten kulinarischen Adressen am Kaiserstuhl gemacht. Bodenständig und kreativ zugleich auf der Basis frischer, hauptsächlich regionaler Produkte, das ist Merkles Markenzeichen. Würzige Terrine vom Schweinebäckle, Hirschkalbrücken mit Limonen-Wacholderkruste – im Rebstock sind Feinschmecker gut aufgehoben.

> **Merkle`s Rebstock**, Hauptstraße 2, 79346 Endingen
> Tel. 07642/7900, Fax 924797, www.merkles-rebstock.de
> Donnerstag bis Montag 12.00–14.00 Uhr und 18.00–22.00 Uhr
> Dienstag und Mittwoch Ruhetag

Steinbuck, Vogtsburg-Bischoffingen:

Spektakuläre Sonnenuntergangs-Blicke Richtung Rheinebene und dazu erlesene Speisen gibt es im Restaurant Steinbuck in den Weinbergen über Bischoffingen.

> **Hotel-Restaurant Steinbuck**, Steinbuckstraße 20
79235 Vogtsburg-Bischoffingen, Tel. 07662/91121-0, Fax 6070
wernet@hotel-steinbuck.de, www.hotel-steinbuck.de
Ruhetage: April bis Oktober: Montag, Dienstag bis 17 Uhr
November bis März: Dienstag und Mittwoch ganztags

Schwarzer Adler, Oberbergen

Kellers weltberühmter Schwarzer Adler ist seit Jahrzehnten ein Hort klassischer französischer Haute Cuisine auf bestem Niveau. Wer von Zitronengras und „mediterran angehaucht" genug hat, für den ist dieses Haus das Maß der Dinge – man schwelgt in Klassikern und ist zufrieden. Hier gilt, was der große Vincent Klink von der Stuttgarter „Wielandshöhe" gesagt hat: „Es ist heute doch exotischer, eine Taube nach Großmutter Art perfekt zu braten, als ein Thai-Süppchen anzurühren." Die Weinkarte ist eine der bestsortierten in Deutschland – und kundenfreundlich kalkuliert ist sie obendrein.

> **Schwarzer Adler,** Badbergstr. 23, 79235 Vogtsburg-Oberbergen
Tel. 07662/933010, Fax 933046, www.franz-keller.de
Freitag bis Dienstag 12.00–15.00 Uhr und 18.30–24.00 Uhr
Mittwoch und Donnerstag Ruhetag

Das Autoren-Team: Karl-Heinz Raach /Fotos, Hans-Albert Stechl, Renate Heyberger /Text, Matthias Kneusslin und Martin Hoyer /Gestaltung

Karl-Heinz Raach

ist als Fotojournalist im Hexental bei Freiburg zu Hause und zwischendurch immer wieder in aller Welt unterwegs. Er veröffentlichte über 50 Bildbände und zahlreiche Fotoreportagen in namhaften Zeitschriften. Im Eigenverlag verlegt er Postkarten, Poster, Kalender, Reiseführer und Bildbände von Freiburg und der Region.

Hans-Albert Stechl

ist gebürtiger Hochschwarzwälder, gelernter Journalist und studierter Jurist. Nach dem Studium in Freiburg, Genf und Konstanz, einem Zeitungsvolontariat und einem mehrjährigen berufsbedingten Abstecher ins Schwäbische, lebt er seit zwanzig Jahren wieder in Freiburg, wo er als Rechtsanwalt und freier Autor tätig ist.

Renate Heyberger

hat schon früh ihren Beruf als Lehrerin an den Nagel gehängt, den Journalismus gelernt und arbeitet heute hauptberuflich beim Freiburger Studentenwerk und nebenberuflich als freie Journalistin. In Freiburg lebt die gebürtige Schwäbin seit sie denken kann (also ungefähr seit Studienbeginn) und immer noch gerne.

© Foto-Edition-Raach,
Bürglestraße 34a, 79294 Sölden, Deutschland
Tel. 0761/404757, www.raach-foto.de
1. Auflage 2009. Alle Rechte beim Verlag
ISBN 978-3-935048-12-5

Fotografie: Karl-Heinz Raach
Text: Renate Heyberger, Hans-Albert Stechl
Lektorat: Antje Burkhardt
Gestaltung: www.hoyerdesign.de
Druck: Himmer AG, Augsburg